図解テキスト

社会保険の基礎

長沼 建一郎
Kenichiro Naganuma

弘文堂

はしがき

　本書は、日本の社会保険（年金・医療・介護・雇用・労災保険）の基礎的な内容について、図解を中心にみていく入門書であるが、そのアプローチは、おそらく他の概説書や入門書とはまったく異なるものである。

　すなわちこれまでの概説書・入門書は、法律や制度体系に沿って順次説明するか、そうでなければ国民の立場、あるいは制度の利用者の立場で書かれている。つまり「私やあなた」にどんな制度が適用されて、保険料をいくら払い、どういう場合に何を受給できるか、という視点である。

　これに対して本書では、逆に、制度を作る側、制度を設計する側にたって、その仕組みをみていく。いわば「上から目線」である。それはそのことが、社会保険の基礎ないしは基本的な仕組みを理解するには、むしろ望ましいからである。

　一般国民にとって、社会保険はいわば巨大なブラックボックスである。たとえばスイッチを入れるとテレビが映る。あるいはアクセルを踏むとクルマが走る。中身がどうなっているか、なぜテレビが映ったり、クルマが走ったりするかはよく分からない。ただきれいにテレビが映るか、快適にクルマが走るかどうかが問題であり、そのなかの複雑な機械の仕組みに関心をもつ人は少ない。

　そして世の中にあふれる入門書は、テレビやクルマでいえば取扱説明書である。その初級編は「誰でも分かる」、「初歩の初歩」を標榜している。

　そのようなアプローチは親切ではあるが、国民を永遠に「お客さん」の位置に固定化させるものである。不平や不満をいう機会はあったとしても、ついに制度がなぜそうなっているかを理解す

i

ることなく、最後まで「受け手」のままで終わるだろう。

　しかし本書はそうではなく、その機械の内部の仕組みに果敢にアプローチして、なぜテレビは映るのか、なぜクルマは走るのかを正面から説明しようとするものである。それはいいかえれば「お客さん」の側からではなく、制度を作る側、制度を設計する側にたって、あえて「上から目線」でみるということでもある。

　別に社会保障制度は筆者が作ったわけではないから、「制度を作る側、制度を設計する側」というのは面映いものがある。しかし本来、国民が主役として、その決定で制度は作られているはずである以上、作る側・設計する側にたって仕組みを理解しようとするのが正攻法ではなかろうか。

　とはいえ、テレビやクルマのメカニズムのように複雑な話ではまったくない。社会保険がその中心部に据える「保険」の仕組みは、実はとても単純なモデルと、そのバリエーションにより構成されている。

　日本の社会保障は、その社会保険を中心に組み立てられている。その意味で、本書の内容が「社会保険の基礎」であり、「社会保障全体の基礎」でもある。そのように保険の仕組みを中心に据えて、社会保障を組み立てることの是非は別として（そうでない国もある）、この中心部分を理解すれば、社会保障の複雑な仕組みについて、その基礎的な骨格を理解することができる。

　この本の内容は、順番に読んでいけば、予備知識なく、十分理解できると思う。保険数理を解説している部分についても、「5×20＝100」というようなレベル以上は必要ないはずである（実際の保険数理はもっと複雑だが、それは本書では扱わない）。

　日本の社会保障制度は、毎年のように制度改正・法改正が重ねられている。だから細かい知識を身につけても、すぐに古くなっ

てしまう。しかし本書がみていくような基礎的な部分は、それほどは変わらない。テレビやクルマが毎年モデルチェンジを重ねるとしても、その内部の基本的な仕組みは、テレビであり、クルマである以上はそれほど大きく変わらないのと同じである。

　その基礎的な部分を押さえておけば、細かい部分が変わってもあわてずにすむし、全体の中でどこが変わったのかを見定めることもできる。とかく報道等では、制度改正があった部分や、激しい議論になっている部分だけが取り上げられるが、そこだけみていても、逆に制度の骨格を把握するのは難しいだろう。

　筆者は職業柄、社会保障や社会保険に関する資格試験や検定試験等にチャレンジする方々に、いろいろな形で関わる機会がある。そこでは試験を突破するために膨大な知識の暗記が必要となり、それを語呂合わせなどで詰め込む姿をみると、同情を禁じ得ない。筆者自身、かつて資格試験のために、大量の関係法規や実務事項を、訳も分からず必死に丸暗記した苦い経験がある。

　本書は基礎的な内容の説明に尽きるので、本書を読んだだけでは、その種の試験準備に十分ではないだろう。ただ本書の内容を理解しておけば、全体の骨格が理解できて、それに伴う諸知識の暗記・詰め込みの労苦が多少とも軽減されるのではないかと思う。

　あるいは個々人の生活設計や心配事との関係で、社会保障や社会保険について知るためにも、ないしは何らかの学問的な観点から（たとえば社会福祉学や社会政策、法律学や経済学、社会学などの対象として）社会保障について勉強する場合でも、本書はその入口として——入門書の前の「門前書」という表現があるそうだが——、意味があるのではないかと思う。

　本書では、保険および社会保険の基本的なモデルを示した上で、日本の５つの社会保険を順番にみていく。だから「１．総論」の

あとは、どの順番に読んでいただいても構わないのだが、共通に出てくる内容は、最初に出てきたときに詳しく説明していることが多いので、できれば順番に通読していただけると分かりやすいと思う。

　【クローズアップ】では、議論が分かれている点や、やや込み入った内容について、他の政策選択肢も含めて制度設計の考え方を理解し、考える手がかりを紹介している。【coffee break】は雑談の類であり、なかには場違いと思われる喩えなども混じっているが、あくまで制度内容を理解するための便法としてご海容いただければと思う。

　とくに制度としては、2015年4月現在のものを記述したが、比較的短期間で変更があり得る数値や内容については、〔　〕内で記載するようにした。歴史的な説明、法律の条文根拠、諸外国との比較、学説や諸統計の引用・紹介等は、必要最低限にとどめている。

　説明の内容項目は既存の入門書よりも大きく絞り、それぞれの社会保険のごく基本的かつ重要な部分に限っている。具体的には、保険のメカニズムの骨格に即した部分に焦点を当てており、そのようなもっとも基本的な仕組みや考え方については、逆に類書より踏み込んで説明を試みた部分も少なくない。また重要と考える内容については、重複をいとわずに繰り返して説明した。

　文中の図は、イメージアップのためにかなり大胆に図式化・モデル化したものである。すべて「筆者作成」であり、政府の資料等からの転載はひとつも無い。

　他方、実際の制度（要件や効果）は非常に精緻かつ複雑に構成されているので、制度の概略を述べるに当たっては、「原則として」とか「等」、「など」というような留保表現を、すべての文章につけたいくらいなのだが（これは決して誇張ではない）、なるべく削った。制度の骨格のイメージアップが本書の主眼だからである。あ

えて「原則として」というような表現を残しているときは、そこに例外があること自体に大きな意味がある場合が多い。だから実際的な問題に対処する際や、資格試験のために勉強する際などには、その点は注意していただきたい。

　非常に複雑にみえる社会保障制度も、その中のメカニズムは実は比較的シンプルである。逆にそのメカニズムを理解せずに「外から」みるために、実際よりも複雑に感じられることも多い。本書を通じて、「なんだ、そういうことだったのか」、「そういう風になっていたのか」と読者に思っていただければうれしい。
　2015年8月

　　　　　　　　　　　　　　　　　　　　長沼　建一郎

CONTENTS

はしがき……i

1. 総論

- **1.1** 保険とリスク……*1*
- **1.2** 民間保険(生命保険、損害保険)の仕組み……*4*
- **1.3** 社会保険の仕組み……*7*
- **1.4** 賠償責任保険と債務の先行性……*12*
- **1.5** 長期保険と平準保険料……*15*
- **1.6** 各社会保険の説明に先立って……*20*

2. 医療保険

- **2.1** 医療保険の基本的な仕組み……*25*
- **2.2** 医療保険が対象とする傷病リスクとは……*26*
- **2.3** 民間医療保険の仕組み……*28*
- **2.4** 医療保険の保険給付……*29*
- **2.5** 被保険者と保険料……*33*
- **2.6** 窓口(患者)負担……*38*
- **2.7** 高額療養費……*41*
- **2.8** 家族療養費……*43*
- **2.9** 傷病手当金等の金銭給付……*45*
- **2.10** 医療保険の体系……*46*
- **2.11** 公費負担……*49*
- **2.12** 保険診療……*51*
- **2.13** 診療報酬体系……*53*
- **2.14** 混合診療と保険外併用療養費……*56*
- **2.15** 高齢者医療……*62*

3. 介護保険

- **3.1** 介護保険の基本的な仕組み……*69*

- **3.2** 介護保険が対象とする要介護リスクとは……… *70*
- **3.3** 保険者、被保険者と保険料……… *76*
- **3.4** 要介護認定……… *81*
- **3.5** 介護保険の保険給付……… *85*
- **3.6** 利用者負担（一部負担）……… *88*
- **3.7** サービスの種類……… *90*
- **3.8** 介護報酬……… *93*

4. 雇用保険

- **4.1** 雇用保険の基本的な仕組み……… *95*
- **4.2** 雇用保険が対象とするリスクとは……… *96*
- **4.3** 被保険者、保険者と保険料……… *99*
- **4.4** 失業の認定……… *103*
- **4.5** 給付水準……… *106*
- **4.6** 給付期間……… *111*
- **4.7** その他の給付……… *115*
- **4.8** 雇用保険二事業、求職者支援制度……… *118*

5. 労災保険（労働者災害補償保険）

- **5.1** 労災保険の基本的な仕組み……… *121*
- **5.2** 労災保険が対象とする業務災害リスクとは……… *122*
- **5.3** 対象（事業主、労働者）と保険者……… *125*
- **5.4** 保険料……… *126*
- **5.5** 労災保険の保険給付……… *130*
- **5.6** 業務災害の労災認定……… *135*

6. 公的年金

- **6.1** 公的年金の基本的な仕組み……… *141*
- **6.2** 公的年金が対象とするリスクとは——稼得能力喪失（・低下）リスク……… *142*
- **6.3** 長生きリスクと終身年金……… *145*
- **6.4** 公的年金の体系……… *148*

- 6.5 国庫負担……… *152*
- 6.6 保険料と年金額の関係──「牛丼の喩え」による説明……… *154*
- 6.7 基礎年金の保険料と年金額の計算……… *158*
- 6.8 保険料の免除……… *162*
- 6.9 厚生年金の保険料と年金額の計算……… *166*
- 6.10 在職老齢年金──雇用と年金の調整……… *174*
- 6.11 年金のスライド……… *177*
- 6.12 年金の種類……… *179*
- 6.13 障害年金……… *182*
- 6.14 遺族年金……… *187*
- 6.15 第3号被保険者の取扱……… *191*
- 6.16 財政方式……… *196*

7. 社会福祉、児童手当、その他

- 7.1 社会保険以外の諸施策……… *199*
- 7.2 生活保護……… *199*
- 7.3 児童手当等(いわゆる社会手当)……… *201*
- 7.4 社会福祉……… *205*

● Coffee break ●

「基礎」についての大きな誤解……… *22*

サラリーマンの領収証と償還払い……… *27*

ビスマルクよりヒポクラテスの方が先……… *31*

病院の老人サロン化問題……… *41*

医療保険の体系と恋愛事情……… *48*

診療報酬と握り寿司……… *54*

混合診療についての体験的な感想……… *60*

認知症になる確率は大きいか小さいか……… *75*

サラリーマンの出張と償還払い(代理受領)……… *87*

マークⅡと特別養護老人ホーム……… *92*

雇用は結婚と少し似ている……… *98*

「失業等給付」というヘンな表現……… 101
仕事の「えり好み」は認められるか……… 105
雇用は結婚とやはり似ている……… 120
メリット制の誘惑……… 129
因果関係の判定は難しい……… 139
勤め人の年金と牛丼の関係……… 156
賃金や物価は上昇してきた……… 171
「うちわ・扇風機・クーラー」とスライド制……… 178
障害年金は「ソロデビュー」すべきか……… 184
年金未納問題と年金破綻論……… 197
保険の意義を大げさにいえば……… 211

あとがき……… 213

1. 総論

1.1 保険とリスク

　何らかのリスクを抱えた人たちが、保険料をあらかじめ払っておくことにより、実際にリスクが現実のものとなったときに、給付を受け取り、リスクによる損失を埋めることができる。これが保険のもっとも基本的な図式である。

　まず、もっともシンプルなモデルで、保険の当事者と、その基本的な仕組みを示せば、以下の通りである。

　たとえば5人のうち、誰か1人に事故（100の損失）が予測されるときに、その5人があらかじめ20ずつを払っておく（図①）。

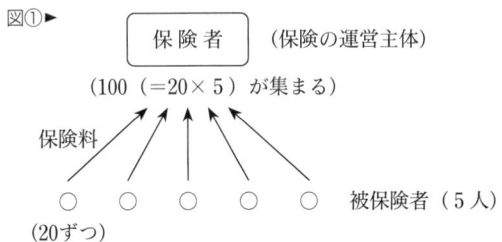

　そこで実際に事故に遭った人（●印）に、100（＝20×5）を給付することができる（図②）。

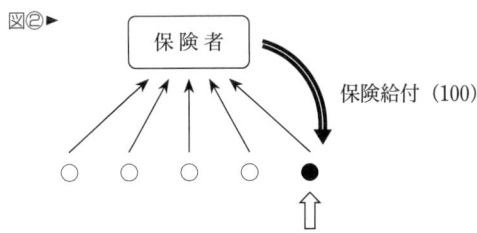

この保険への加入者を「被保険者」（insured＝保険をかけられている人）と呼び、保険料を集めて保険を運営する側を「保険者」（insurer）と呼ぶ。また保険の給付事由となるリスクの実現を「保険事故」と呼ぶ。

《不確実性に対する保険の役割》

このとき、事故に遭わなかった4人（○印）は、保険料20を拠出しただけで、何も受け取っていない。いわば20だけマイナスになっている。

しかし事故に遭った1人（●印）は、保険料20を拠出したうえに、事故により損失100を被って、合計120のマイナスになる。ところが保険給付として100を受け取ることで、結局20のマイナスで収まることになる。

もし保険に加入していなければ、事故に遭わないと、損失ゼロですむが、ひとたび事故に遭えば、100の損失を被る。しかし保険に加入すれば、このように事故に遭っても、事故に遭わなくても、いずれにせよ「マイナス20」という状態を確実に得られることになる（いわばそれより良くも悪くもならない）。

事故に遭わなかった人（○）
　⇒　20の保険料を払っただけ。……「－20」

事故に遭った人（●）
　⇒　20の保険料を払い、100の損失を被ったが、100の保険給付が来るので、実質的な損失は最初の20の保険料だけ。……「－20－100＋100＝－20」

いいかえれば事故の前には、全員が1/5の確率で、100の損失を被るという立場にある。つまり期待値として全員が20の損失を抱

えている。そして保険というものが世の中に存在しなければ、事故後には、5人のうちの1人が実際に100の損失を被って、残りの4人は損失を免れる。

　それが保険により、誰が事故に遭おうと、実際に事故に遭ったものを含む全員が、20のマイナスだけで済むということになる。その意味で、損失の不確実性がなくなる。

　数学的には、保険があってもなくても、全員が「1/5の確率で、100の損失を被る」、つまり「期待値として20の損失を抱えている」わけで、同じである。しかし保険がないと、実際に、事故によりラッキーな人とアンラッキーな人とに大きく分かれてしまう。そのように偶然の事情によって、実際に大きく幸・不幸が分かれるよりは、「全員が少しずつマイナス」になることで、「とても不幸な人」を出さないようにする仕組みが保険だといえる。

(((クローズアップ))) リスクと保険の原理

　保険という仕組みは、たとえば一定の期間に5人のうち1人に事故が起きるという想定ができないと、設計できない。このように計測可能な不確実性を、「リスク」という。

　もっともリスクという言葉は、最近は「まったく予測がつけられない」という意味で用いられることも多い。たとえば「リスク社会」という場合もそれに近い。そのときは、むしろ「保険もかけようがない」ということになり、逆の意味合いを帯びる点に注意を要する。

　さて、この計測可能な不確実性であるリスクに対処するために、一般的に保険という仕組みが成り立つための三つの原理があると言われる。ひとつは「大数の法則」で、事故発生の確率が、一定の数値に想定できることを指す。サイコロの目と同じで、対象が5人であれば、実際に1人に事故が起きるかどうかはぶれやすいが（たとえば0人、つまり0/5となるかもしれないし、3人、つまり3/5になるかもしれない）、対象が50人、500人と増えていけば、事故

の数はその1/5に近づいていくだろう。

二番目が「収支相等の原則」で、保険料の合計額（シンプルなモデルでいえば、20×5）が、保険給付の額（シンプルなモデルでいえば、100）と一致することを指す。

三番目が「給付・反対給付均等の原則」で、保険料の額が、期待される保険給付の受け取り額と一致することを指す。シンプルなモデルでいえば、各人の保険料は20であり、それは各人が受け取る保険給付の期待値（100×1/5）と一致する。

第二と第三の原則とは、いわばウラオモテである。ただしニュアンスの違いはあり、前者は保険集団に焦点を、後者は個々人に焦点をあてた見方ともいえる。

これらが成り立たないと、保険という仕組みは運用できない。ただし、とくに社会保険においては、これらがそのままでは当てはまらない部分が出てくるので、その点がしばしば「保険原理の修正」として指摘される。もっとも逆にそれが維持されている部分も小さくないばかりか、制度の骨格は保険の考え方により設計されているといえるので、本書ではむしろその保険の考え方で設計されている部分をきちんと示すようにしている。

1.2　民間保険（生命保険、損害保険）の仕組み

このような保険の仕組みによって、民間保険は運営されている。その民間保険の代表は、生命保険と損害保険であり、それぞれ生命保険会社、損害保険会社が販売している。「〇〇生命」というのが生命保険会社で、「〇〇損害保険」、「〇〇火災」、「〇〇海上」というようなのが損害保険会社である。ほかに疾病保険、傷害保険などがあり、第3分野などといわれる。

《生命保険》

生命保険は、人の生存・死亡というリスクを対象とする保険で

ある。

その代表は、死亡保険（死亡の際の保障を提供する保険）であり、図③のようなイメージである。

なお民間保険では、給付が金銭であることから、保険給付を「保険金」と呼ぶ（死亡保険金、満期保険金等々。あらかじめ払う「保険料」と、用語としてかえって混同しやすくなっている印象もあるけれども）。

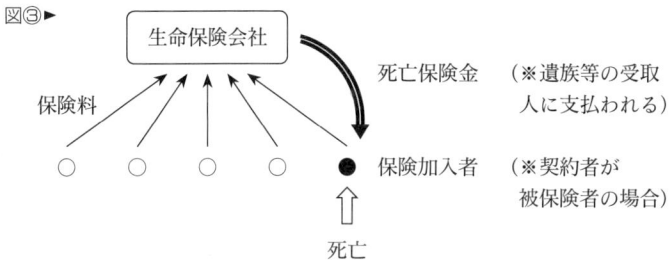

このほか、満期時の生存に対して満期保険金を支払う保険、一定時期の生存に対して年金を支払う保険などがある。現在中心になっているのは、終身保険といわれるもので、これは生涯にわたって死亡保障を行う保険である。人間はいつか死ぬので、どこかの時点では必ず保険金が支払われることになる。

生命保険は、人に関するリスクをカバーするので、社会保障とも関係が深い。生命保険の種類としては、民間の医療保険や介護保険もある。

他方、生命保険は単年度ではなく長期保険であるのが普通で、その点では、図①、図②のシンプルなモデルには収まらない部分も大きい。たとえば上記で述べた終身保険は、この図式をいわば毎年積み重ねていく仕組みである（これをどのように「積み重ねて」いくかについては、**1.5**を参照）。

1.2 民間保険（生命保険、損害保険）の仕組み　5

《損害保険》

　損害保険は、偶然の事故による損害をてん補する保険である。

　人に関わるリスクをカバーするものもあるが、伝統的には「物」に関わるリスクが中心で、典型的には家が火事で消失する、船が事故で沈む、というような損害をカバーするものであり、図④のようなイメージである。

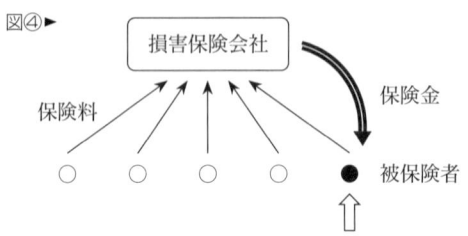

図④▶

火事・海難事故・自動車事故等

　損害保険は、1年間での短期保険が多いので（毎年更新するタイプなど）、その意味ではこのシンプルなイメージ図に一致する部分が大きい（ちなみに生命保険では、その生死が保険事故となる人を被保険者といっていたが、損害保険では生命保険と少し異なり、保険によりカバーされる損害を受ける人を被保険者という）。

　なお車を保有すると、自動的・強制的に加入するいわゆる自賠責保険も、損害保険のひとつである。これについては社会保険との関係を考えるうえでも重要なので、**1.4**で再びとりあげる。

《民間保険の任意性》

　民間保険は、任意加入である。つまり加入するかどうかは個々人が決めればいいし、加入するとしても、どの程度の保障水準を設定するかも原則として自由に決められる。

　たとえば図⑤の死亡保険の例で、死亡した場合の保険金として、100ではなく200が必要ならば、保険料を20ではなく40を払えばい

いことになる。

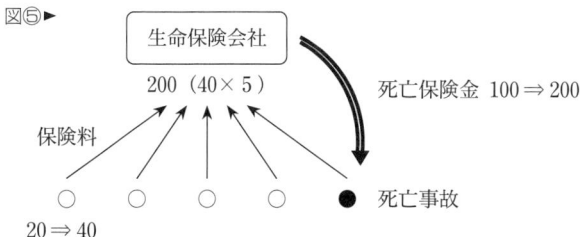

実際には一つの商品の中でも、各人の加入水準・保険料水準はさまざまだが、事故の発生確率が一定なら、保険の収支は合うはずである。これは保険の原理である「給付・反対給付均等の原則」から導かれる（**1.1**の**クローズアップ**を参照）。

もっとも民間保険でも、それぞれ保険金の上限などはあるので、まったく自由というわけではない。ただし次にみるように、社会保険ではこのような任意性がまったくないので、そこは民間保険と大きく異なる点である。

1.3 社会保険の仕組み

日本の社会保障は、このような保険の仕組みを使った「社会保険」を中心に据えて運営されている。これが本書のテーマでもある（社会保険以外のスキームについては、**7.**を参照）。

具体的には、健康保険などの医療保険、公的年金、雇用保険、労災保険（労働者災害補償保険）、そして2000年に施行された介護保険の5種類が、日本の社会保険である。

ごく大雑把には図⑥のイメージであり、少なくとも制度の骨格は、**1.1**で示したもっともシンプルな保険のモデルで説明できるものだといえる。

すなわち病気やケガのリスクに備えて医療保険の保険料を払っ

図⑥▶

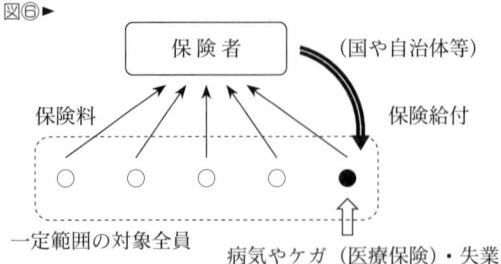

ておいて、実際に病気やケガの際には医療保険の給付を受ける、あるいは失業のリスクに備えて雇用保険の保険料を払っておいて、実際に失業した際には失業給付を受ける、というような形である。

ただしそれぞれの社会保険の内容を正確に理解しようとすれば、少しずつこのモデルを修正していく必要があり、それらを本書のなかで順次みていくことになる。

《実際の制度の分立》

それと、日本では上記のように5つの社会保険（医療保険、介護保険、雇用保険、労災保険、公的年金）があるけれども、実際の制度ないし根拠となる法律は、もう少し複雑である。とくに医療保険と公的年金については、以下のように分かれている。

```
公的年金については、
    厚生年金（厚生年金保険法） ⇒ 勤め人が加入
    国民年金（国民年金法）   ⇒ 自営業者等が加入
      （勤め人は厚生年金に加入することで、
       自動的に国民年金にも加入）
    公務員共済（国家・地方公務員共済法）⇒ 公務員が加入
    〔厚生年金に一元化される予定。〕
医療保険については、
```

```
    健康保険（健康保険法）      ⇒  勤め人が加入
    国民健康保険（国民健康保険法）⇒  自営業者等が加入

    後期高齢者医療制度（高齢者医療確保法）
                              ⇒  後期高齢者が加入
    公務員共済（国家・地方公務員共済法）⇒  公務員が加入
```

　日本の社会保障制度の中核を占めているのが、これらの社会保険の諸制度である。これに生活保護、もろもろの社会福祉制度、公衆衛生などを加えて、社会保障の現行体系の全部となる（社会保険以外のスキームについては7．で扱う）。

　なおこの「勤め人」というのはやや奇妙な表現かもしれないが、被用者、雇用労働者、賃金労働者、サラリーマン・OL 等々、呼び方はいろいろあるものの、自営業者（独立自営で商売をやっている人）ではなく、農業や漁業などの従事者とも違い、要するに会社等に雇われている人を指す。

　これら勤め人の加入により構成されている社会保険を、とくに被用者保険と呼ぶ。具体的には、医療保険の中でも健康保険、公的年金の中でも厚生年金がこれに当たる。またもともと雇用保険と労災保険も基本的に被用者のみで構成されており、これら二つは労働保険とも総称される。歴史的には、社会保険はこの被用者保険からはじまったところがある。

《社会保険と民間保険の違い》

　このような社会保険は、基本的なモデルとしては1.2でみたような民間保険と一緒だが、いろいろ異なる点もある。それぞれの社会保険のなかでも違いが多くあるため、それぞれの点が、すべての社会保険に当てはまるとは限らないのだが、全般的には以下の点を指摘できる。

㋐ 公的な主体が、保険者として運営している

社会保険では、国（年金、雇用保険、労災保険）や自治体（介護保険、国民健康保険）などが保険者となっている。もっとも企業ごとの健康保険組合なども保険者となる。

㋑ 一定範囲の対象が全員加入する義務がある

対象者全員が強制的に加入するのが社会保険の特徴である。

ただし対象者自体で一定の絞込みはある（年齢や職種など）。たとえばパートタイマーをどこまで対象とするかは政策的な論点となる（逆に民間保険でも自賠責保険のように、強制加入のこともある）。

㋒ 公費負担がある

社会保険では、その財源として保険料だけではなく、国や自治体の公費負担が行われることが多い。

このことにより、同じ保険料でも、給付を充実させることができる（図㋑）。あるいは逆に、同じ保険給付であれば、加入者が負担する保険料を軽減することができる。

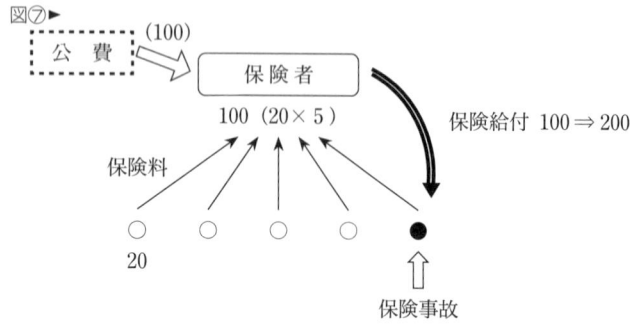

図㋑▶

ただ被用者保険では、給付費への公費負担がないこともある（厚生年金、健康保険）。

(エ) 保険料や給付水準は法律で決められている

社会保険では、保険料の水準は、定額や給与比例などの形で法定されていて、各加入者が選ぶことはできない（図❽）。これに応じて給付の水準も、各人ごとに決まってくる。

たとえば厚生年金や雇用保険では、保険料の水準は給料に比例して決まり、それに応じて高い保険料を払ったものは、受け取る金銭給付も高くなる。民間保険では、加入するかどうかとともに、給付の水準（ひるがえって保険料の水準）も選ぶことができることが多いので、これは大きな違いだといえる。

図❽▶

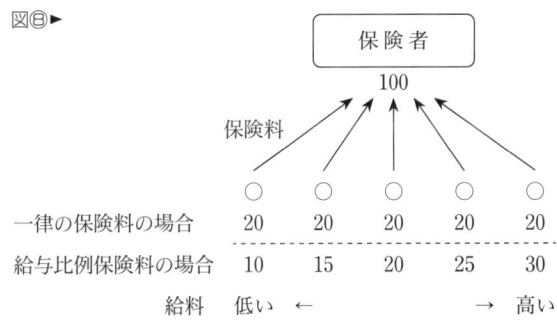

あわせて被用者保険では、保険料は、事業主と従業員の双方が半分ずつ負担することが多い（図❾）。これを「労使折半」と呼ぶ。

図❾▶

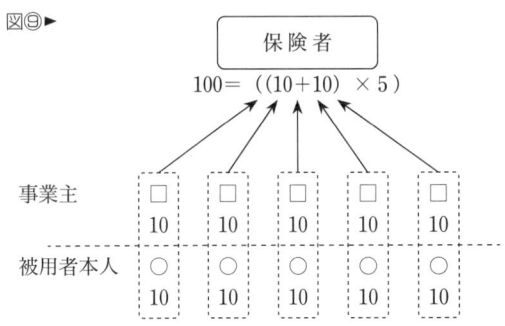

(オ) 「現物」のサービスが提供されることがある

　社会保険の枠組みの中では、金銭給付だけではなく、「現物」（医療や介護サービス）が提供されることがある。この仕組みはやや複雑で、本書で順次みていくが（それらのサービス利用時には一定の負担を別途支払うのが一般的である）、いずれにせよ民間保険は基本的に金銭の給付であるのと大きな違いである。

　なお(エ)において、厚生年金や雇用保険では、保険料の高い／低いによって給付水準が異なることが多いことを述べたが、現物給付の場合（医療や介護サービス）は支払った保険料の高い／低いとは関係なく、その必要性等によって保険給付の内容が決まる。

1.4　賠償責任保険と債務の先行性

　ところで損害保険の中でも、自動車事故に関して、いわゆる自賠責保険（自動車賠償責任保険）は比較的なじみがあるものだろう。これは加害者が被害者に対して負う、法律的な賠償責任をカバーするものである。

　この自賠責保険については、労災保険（5.）のところでもふれるが、考え方としても、労災保険をはじめとして多くの社会保険と関係するものといえるので、ここでその内容をみておきたい。

　ここで「まず」あるのは、自動車事故の加害者から被害者への賠償責任である（図⑩）。

図⑩▶

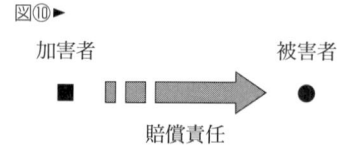

　このように、クルマを運転していると一定の確率で降りかかってくる賠償責任に備えて、あらかじめ保険料を払っておくことが考えられる。ここでは賠償責任（賠償金の支払債務）を負うというのがリスクの内容なので、被害者になる可能性がある側ではなく、当然、加害者

となる可能性があるドライバー側が保険に加入して保険料を払っておく（図⑪）。

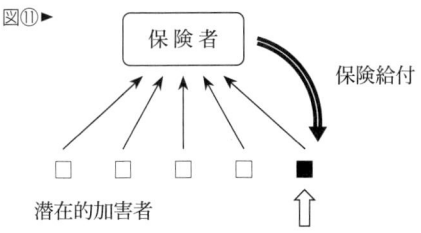

図⑪▶

潜在的加害者

実際の加害者（賠償金の支払債務を負う）

しかしそういうことであれば、保険給付を直接、賠償責任にあてることが考えられる。これが賠償責任保険であり、自動車に限らず、さまざまな領域で用いられている（図⑫）。

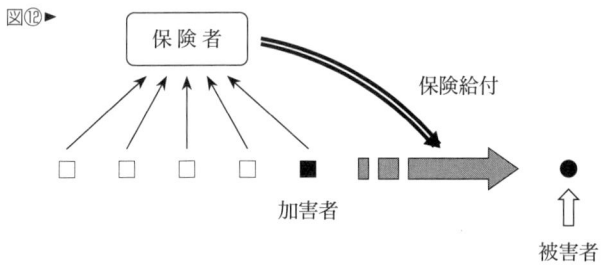

図⑫▶

加害者

被害者

これは、物などの損害自体ではなく、法律的な責任をカバーするという点で、損害保険の中でも独自の位置づけのものといえる。

ただしこの図式は、さらに賠償責任に限らず妥当する可能性がある。すなわち保険でその準備をしておく必要がある債務は、自動車事故に伴う賠償責任だけではない。

民間保険の中でも、住宅を買うときにつける団体信用生命保険（債務の返済中に死亡した場合、その保険金を債務の返済に充てる）や、請負契約の債務履行保険も、賠償責任ではない債務の履行のために

保険に加入しておくものだが、この系列のものといえる。

《社会保険へのあてはめ》

そしてむしろ社会保険のなかにも、この系列に近いものがある。すなわち「まず」一定の債務があって、それを保険でカバーするという意味では(賠償責任をカバーする労災保険は直接そのような性格を有するが)、医療保険や介護保険、雇用保険、公的年金などにもそのような側面がある。

たとえば人間は、一定の確率で病気になる。すると医療機関にかかり、その提供された医療サービスについて代金を支払う義務を負う。この法的な代金債務についても、同様に保険で準備しておくことが可能である。

つまり、ここで「まず」あるのは、医療サービスにかかる代金の支払債務である（図⑬）。

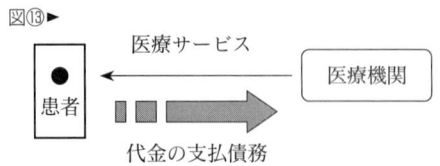

図⑬▶

この一定の確率で発生する代金の支払債務に備えて、保険料を払っておくという図式である（1.1でみたもっともシンプルな保険のモデルである）。さらにそういうことであれば、その保険給付を、直接、医療機関に払うことが考えられる（図⑭）。

もちろん普通はそうは考えられておらず、一定の確率で病気になって、それを医療保険がカバーしているので、その医療保険から医療サービスを直接に受けられるというイメージが一般だろう(それは現行の法律に即した見方でもある)。しかし少なくとも、人間は日常行動としては、「まず」医療機関に行くのである。

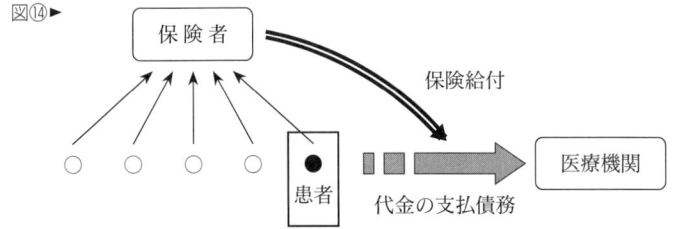
図⑭▶

このように、「まず」一定の確率で生じる債務が存在して、これを保険でカバーするという見方が成り立つとすれば、さらに事業主が従業員に対して負う債務（たとえば退職の際に、事業主が従業員に支払うべき債務）も、その種のものとみることができる。これらの見方は、社会保険を理解するのに役立つし、とくに事業主が保険料を負担していることの説明ともなろう。

この図式は歴史的な経緯とも一致するところがあるし、社会保険が現物であるサービスと（またより広く、市場やそこでの価格を伴う取引とも）結びついており、そこから社会保険の給付の性格（1.3 (エ)、(オ) 参照）も導かれるものであり、社会保険と民間保険の分水嶺にもかかわるものでもある。ちなみにこの点が十分意識されていないことは、公私分担ないし社会保険の守備範囲に関して、平面的な「振り分け」だけの議論をもたらしているように思う。

1.5 長期保険と平準保険料

もうひとつ、社会保険の仕組みを理解するためには、長期保険である生命保険で用いられている平準保険料方式は重要なので、以下でやはりモデル的にみておきたい。

たとえば若いときには、リスクが比較的小さくて、老齢期になると、リスクが大きくなるという種類のリスクがある。死亡がそうだし、要介護状態もそうだろう。

そこでモデル的に、若年期には5人に1人だけにリスクが実現する（保険事故が発生する）ところ、高齢期になると5人のうち3人にリスクが実現する（保険事故が発生する）と想定する。

このとき短期保険として、それぞれの時期・世代で完結するように保険を組むと、図⑮のようになる。

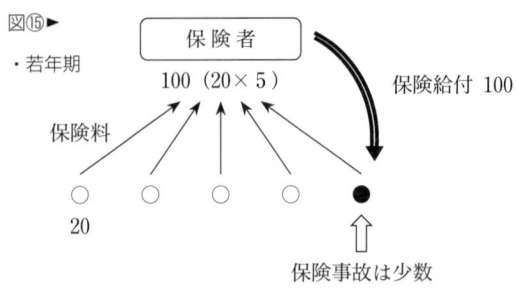

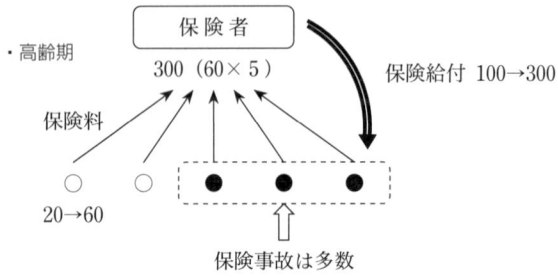

すなわち高齢期には、若年期の3倍も保険料を払わなければならなくなる。高齢期には仕事もやめていれば収入も減っているところ、この保険料負担は厳しいものがある。

そこで、図⑯のように設計することが考えられる。

すなわち若年期・高齢期を通じて保険に加入することとして、若年期に集めた保険料のうちの半分を、高齢期の保険給付のためにとっておく（次頁図⑯の‥‥▶印）。高齢期は高齢期で保険料を拠出して、それも給付に回る。

これによって、保険料はずっと同じ40で、高齢期になってから保険料が大幅に（このモデルでは図⑮のように3倍に）上がるという事態を防ぐことができる。

　この仕組みは、若年期から高齢期まで、継続的に保険に加入していることを前提としている。仮に若年期に保険料を払って、途中でやめてしまったら、本人としても「損」になる。

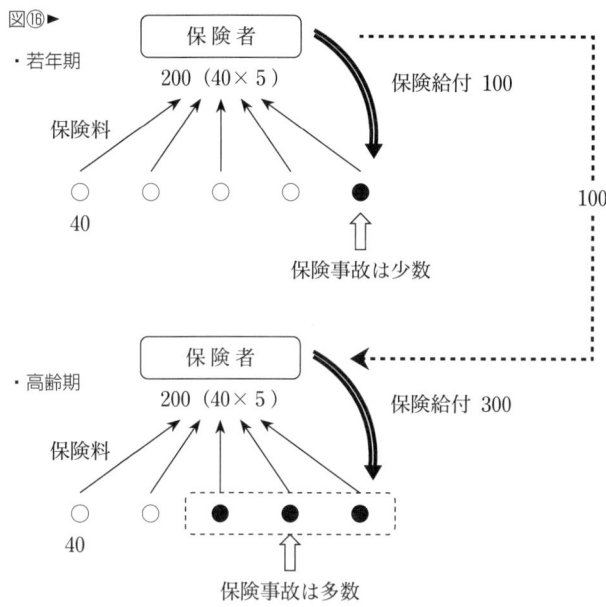

　このように保険料を定める方法を、平準保険料方式という（これに対して各期ごとに保険料を定める方法を自然保険料方式という）。この平準保険料のうちで、高齢期のために回す部分を、将来使うという意味で、貯蓄保険料部分という。これは貯蓄そのものではなく、また必ずしも個人ごとに積み立てているわけでもない。

1.5 長期保険と平準保険料

《社会保険へのあてはめ》

　この仕組みにより、年齢とともに逓増するリスクに備えることができる。これは主として生命保険の設計の考え方であり、実際の社会保険は必ずしもこの考え方により設計されたものとはいえないが、人がずっと加入している長期保険という意味で、このモデルによって理解可能な部分がある（モデルによる理解につき、**1.6**参照）。

　とくに公的年金、医療保険、介護保険などは、年齢とともにリスクが逓増するという性格があることから、この長期保険のモデルに当てはめることで理解しやすい部分がある。

　いずれにせよ長期的な保険といっても、これは個人ごとの「貯蓄」の積み立てとは異なる点に注意を要する。あくまで年齢によるリスク差への対応であり、このためたとえば民間の生命保険会社で「掛け捨て」の死亡保障だけを行う保険（定期保険と呼ばれる）でも、契約期間が長期であれば、積立金は生じる（それらのために実際に生命保険会社が積み立てているのが「責任準備金」で、その積み立て基準は法定されている）。

　ちなみにこのとき高齢期に向けて「とっておく」分を、ただちに高齢期の給付（そのときの高齢者への給付）に回せば、世代間の所得移転になる。つまり年金だけではなくそれ以外の社会保険でも、いわゆる賦課方式と積立方式の選択（**6.16**参照）があり得ることになる。もし加入者数が各期で同じで、金利も勘案しなければ、どちらの方式でも保険料水準は変わらない。

　つまり「積立方式＝個人ごとの貯蓄」ということではないし、逆に「とっておく部分」（高齢期に移管する部分）が、高齢者へのプレゼント（一方的な移転）というわけではない。

　この点はあまり説明されることもなく、したがって知られていないことが多い事柄であるが、近代的な保険制度を理解するためには重要な点のひとつでもある。

とくに経済学でいう逆選択をめぐる議論や、社会保障法学でいう権利性の議論などについても、もっぱら1.1のシンプルな保険モデルをもとに語られることが多いが、このとき長期保険を視野に入れると、かなり話が違ってくることが考えられる。

《《《クローズアップ》》》「貯蓄は三角、保険は四角」

このように保険の仕組みは、リスクに対応するという点で、貯蓄とは異なる。貯蓄の場合は、順次増やしていくもので（減ることもあるが）、また途中で引き出すことも可能である。他方、保険では加入後に事故があったら、支払った保険料よりも大きな保険金を受け取れるが、逆に事故がなければ、保険料を払っただけで何も受け取れないこともある。

このことから、「貯蓄は三角、保険は四角」といわれることがある。すなわち貯蓄は、徐々に積み上げていくものである（それ以上は引き出せない）のに対して、保険の場合、加入してすぐに事故があっても、払った保険料よりも大きな保険金を受け取れることをあらわしている（図⑰）。

図⑰▶

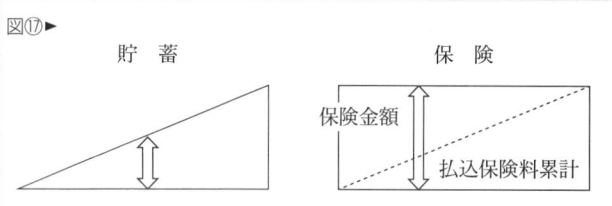

ところが日本では、保険（とくに長期保険）の仕組みが、貯蓄にいわば引き寄せられる形で理解されていることがあり、また実際の保険制度や保険商品も、貯蓄に近づいていることがある。

とくに生命保険は、死亡保険でも満期保険金があるタイプ（養老保険といわれる）など、貯蓄性が高いものが多い。近時の主流は終身保険といわれるもので、一生涯の死亡保障を提供するものだが、これも実は満期を限りなく後ろにずらした、いわば自由満

1.5 長期保険と平準保険料　19

期の養老保険というべき設計で、貯蓄性は高い。日本では損害保険にも「積み立て型」がある点に、日本人の貯蓄志向をみることもできよう。

日本人は「保険好き」、「保険大国」といわれるが、一方では「掛け捨て嫌い」ともいわれ、両方をあわせると、保険のもっぱら貯蓄的な側面が「好まれている」ということではないだろうか。

1.6 各社会保険の説明に先立って

以上をもとに、2.以降ではそれぞれの社会保険の内容についてみていくが、それに先立って以下の点を補足しておきたい。

すなわち本書の総論として、この**1.4**（債務の先行性）と**1.5**（長期保険）をあえて説明したのは、以後の説明内容に関わるからである。筆者の考えでは、社会保険を理解するためには、この二つのスキームの役割を押さえることが重要である。逆にこれらを無視して、シンプルな保険モデル（**1.1**）だけをもとに社会保険をみても、かえって理解しづらいだけでなく、単純すぎる議論にもつながりかねない。

ただこの部分や、これに基づいて社会保険を説明することについては、筆者の考えが前面に出ているものでもあり（このように債務の先行性と長期保険としての位置づけを前面に出して社会保険全体を説明しようとする立場は稀であろう）、それが良くも悪くも本書の内容的な特徴であろうが、その是非や適否は読者の判断にゆだねるしかない。

ひとつの物事は、さまざまな説明が可能である。たとえば「なぜ忠犬ハチ公は、渋谷駅に通い続けたのか」については、「主人を慕い続けたのだ」という一般的な説明以外に、「実際にはエサをもらえるから通い続けたのだ」とか、「駅への散歩が習慣化されていたに過ぎない」というような説明もある。このうちどれか

ひとつが「正解」だというわけではないし、仮に天国のハチ公に「真意」を訊けたとしても、それが「正解」だというわけでもないだろう（ただ、冒頭のような解釈があったからこそ、美談として今に伝えられているということはある）。

制度の説明も、似たようなところがあり、たとえば法律の起草者の説明がすべてではないし、あとから発見される意味合いだってあるはずで、むしろ絶えずそのような説明を更新していくことに一定の意味があろう。

加えて、本書はあくまで現行の社会保険の理解を目的としており、その評価、つまり現行制度が今のままでいいかどうかについての議論はオープンである。

制度を説明するということは、その制度が存立している合理性や論拠を説明することにもなるので、筆者がそれを支持しているようなニュアンスを必然的に帯びることがあるが（実際に現行制度は基本的にはよくできていると思っているが）、必ずしも今のままでいいと思っているわけではない。

ただ、現行制度を批判し、制度改革や再編を主張するにしても、制度の理解が先行するのは間違いないだろう。現行制度の骨格が理解されたうえで、制度のあり方についての活発な議論が行われることを望むものである。

(((クローズアップ))) 税方式──社会保険に拠らない場合

社会保障では、社会保険という仕組みによらずに行われている部分も沢山ある。それらの多くは、保険料ではなく、公費（税金）によって、運営されている。

それはモデル的には図⑯のようになる。すなわち国民がさまざまな形で払った税金をもとに、必要とされた人に対して国や自治体から金銭やサービスが提供される。

その代表は、生活保護である。そこでは保険料という仕組みも

介在しない。いわゆる社会手当や社会福祉等の給付も、同様の形になっていることが多い。さらに公衆衛生のように、必ずしも対象が特定化されずに提供されることもある。

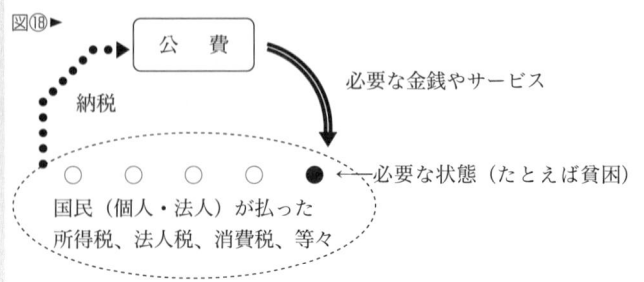

図⑱

これらは社会保険方式と対比する意味で、税方式と呼ばれる。ここでは税金といっても、社会保険における公費負担（**1.3**(ウ)）というときの税金とは異なる。

それぞれの制度について、社会保険方式により実施するか、そうではなく上記のように税方式で実施するかは、国によっても異なり、政策的に大きな論点となる。

● Coffee break ● 「基礎」についての大きな誤解

大学生のとき、平野龍一という刑法の先生の講義をきいた。

この授業は、なかなか難しかった。そして教科書として平野先生自身の概説書が指定されていたのだが、これまた難しく、私はほとんど落ちこぼれていた。

そんなとき生協の書籍部で、平野龍一『刑法の基礎』という本を見つけた。私は「これだ！」と思った。中学校でも、高校でも、参考書はまず「基礎編」を読んで、それが何とか理解できたら「応用編」に進むという順番に決まっている。背伸びして、はじめから難しいものに取り組んではダメなのである。

そこで喜び勇んでその『刑法の基礎』を買い求めたのだが、この本のタイトルの「基礎」というのは、刑法の勉強における「基礎編」という意味ではなかった。

ここでの基礎というのは、基礎理論という意味であり、刑罰や責任の本質というような「基礎の基礎」、「根本の根本」を問う本であったのだ。諸外国の最先端の議論や隣接諸学問の知見を取り入れた、野心的な本でもあった。私は当然さっぱり理解できず、当てが外れて落胆した。

　しかしこの本を読んだ（正確に書けば、読もうとした）ことは、私に意外な幸運をもたらした。それはこの難解な本と比べれば、講義の教科書は、相対的には分かりやすく書いてあり、多少は理解できることに気づいたのである。

　そして平野先生の授業も、面白く聴講できるようになってきた。ときには論争相手をユーモラスに批判したり、ときには自説を自信なさそうに説明したり、朴訥な熊本弁もあいまって、ニュアンス豊かで魅力的な講義でもあった。

　学期末の頃までには、私は刑法という科目が得意とまではいえないにせよ、楽しいと思えるようになっていたのである。

＊　　　＊　　　＊

　本書も「基礎」と銘打っているが、平野先生の本とは違い、単に「基礎編」、「入門編」という意味なので、読者は安心いただきたい。読み進めるために、予備知識も忍耐力も必要ないと思う。逆に研究者や実務家の方が、何らかの「基礎理論」が展開されているのかと思ってこの本を読まれても、そういう深淵な内容は書いていないので、ご容赦いただきたい。

　ただ、総論（とくに**1.4**や**1.5**）に書いたような内容は、社会保険を理解する上では普通は重視されない（しかし重視するべきだと筆者が考える）事柄なので、それらをベースに諸制度を説明していくという意味では、基礎理論といえなくもない。そういうわけで書名の「基礎」には、ほんの少し基礎理論らしきものも含まれているという点を、平野先生の本と同じ「基礎」という言葉を書名に用いることの言い訳としたい。

2. 医療保険

2.1 医療保険の基本的な仕組み

医療保険は、病気やケガ（あわせて傷病という）の際の医療保障を行う仕組みである。これを**1.1**で示したもっともシンプルな保険のモデルを使って説明すれば、以下のようになるだろう。

たとえば一定の期間に、確率的に5人のうち1人が病気やケガになることが見込まれる場合、その5人が、病気やケガに備えて、あらかじめ保険料（20ずつ）を払っておく（図①）。

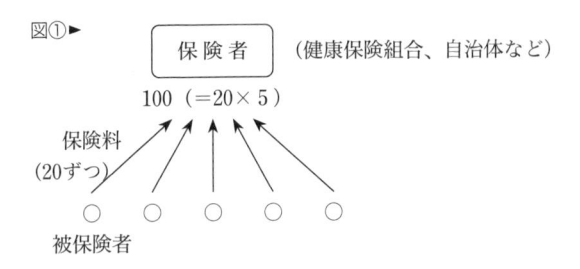

図①▶

```
           保険者    （健康保険組合、自治体など）
        100（＝20×5）
  保険料 ↗ ↑ ↑ ↑ ↖
 (20ずつ)
        ○  ○  ○  ○  ○
        被保険者
```

そこでこの被保険者のうちの1人（●印）について、病気やケガにより、傷病リスクが現実のものとなると、保険給付として、医療サービス（100相当の治療や投薬等）が提供される（図②）。

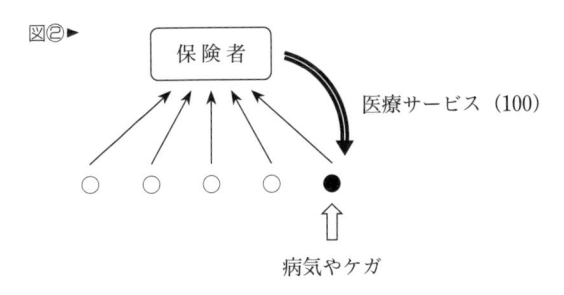

図②▶

```
        保険者
       ↗ ↑ ↑ ↖  ↘ 医療サービス（100）
      ○ ○ ○ ○  ●
                ⇧
              病気やケガ
```

この説明は、シンプルで分かりやすいし、実際もこれに近いといっていい。ただ、保険料は20ずつ集めたので、保険者が保有しているのはおカネ（100）である。しかし実際に提供されているのは、医療サービスという現物（つまり検査や診断、処置、手術、投薬等々）であり、どこかで金銭がサービスに転換されたことになる。

　法律的にも、原則として「療養の給付」となっていて、現物の給付である（たとえば健康保険法52,63条）。医療「費」＝金銭が給付されるのではない。この点を明確にするため、**2.3**では民間保険会社の医療保険と比べてみたい。

2.2　医療保険が対象とする傷病リスクとは

　医療保険が対象とする傷病リスク（すなわち保険事故）とは、病気やケガをさすが、それは治療を要する、いいかえれば治療によって、直る可能性があるものである。すなわち図③のようなイメージである。

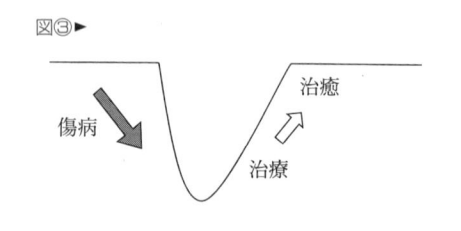

　もちろん実際には、治療しても直らないことや、直りきらないことなどはあるが、少なくとも直そうとする、あるいはせめて悪くならないようにするために医療機関の利用に意味のある状態が、対象ということになる。その点で、似ている面はあるものの、介護サービスや障害者への福祉サービスとは異なる。

　このような状態に対して、医療保険の保険給付として、医療サービスの現物給付が行われることになる。

　ただ**2.4**で詳しくみるように、このとき見方によっては「まず」医療機関から医療サービスが提供されて、その費用が「あとか

ら」医療保険でカバーされているとみることもできる。あるいはそれらが同時に行われているとみることも可能である。というのは実際問題として、病気になっても（つまり傷病リスクが実現しても）、まず医療機関に行かない限りは、保険給付は行われないからである。実際に医療機関に対する診療報酬（**2.13**参照）は、保険者から「あとから」支払われる。

ところでこのように、支払った費用が「あとから」保険で払い戻される仕組みを、償還払いという。医療保険のもともとの仕組みを、そのようなものとして理解することは可能である。つまり**1.4**でみた賠償責任保険のような形で、「まず」医療機関へ医療費の支払義務が生じて、その費用が「あとから」保険でカバーされるのだが、その二つが実際には同時に行われるために、医療保険から医療サービス自体が現物給付されたようにみえるということである。

すでにみたように、健康保険法の条文も現物給付（療養の給付）を規定していることからすると、これはややひねくれた物の見方かもしれない。ただ歴史的経緯からすると（あるいは保険の仕組み自体に焦点をあてて制度を把握するに際しては）、このような見方には意義があり、現行制度を理解するためにも役に立つことがある。

そしてこの見方からすると、医療保険とは、傷病自体というよりは、傷病の治療に際して医療機関に医療費を支払うことになるリスクをカバーしているものといえる。

> ● **Coffee break** ● サラリーマンの領収証と償還払い
>
> サラリーマンは、タクシー代金とか、飲食経費とか、何かと領収証をもらうことが多い。それは、あとで会社からその分のおカネが戻ってくる（つまり会社の経費として落とせる）からである。これは、いわば償還払いである（なお自営業の人もやはり税金対策で領収証を集める）。

会社の部長さんが部下たちを引き連れて食事に行って、代金を全部払ってくれると、部下たちは「ご馳走さまでした」などというのだが、もし部長さんが領収証をもらっていたら、それは自腹でおごってくれたわけではなくて、いわば一時、立て替えているだけである（もっとも部長だからこそ経費で落とせるわけで、その意味では部下たちがお礼するには値する）。

　さらにこれがたとえば会社のビルの中にある、会社直営のレストランだったりすると、そもそもサインするだけでOKということもある。レストランには、あとで会社の経理部から代金が直接払い込まれる。こうなると、もはや現物給付である。

　日本の医療保険は、原則そうなっているわけである（同じような話だが、介護保険3.5の【coffee break】もあわせて参照）。医療機関では、窓口負担を支払う必要があるが（2.6参照）、あれはかかった医療費全体の一部に過ぎない。

2.3　民間医療保険の仕組み

　民間保険会社の医療保険については、テレビでたくさんCMも流れているが、これは基本的に金銭給付であり、医療サービスの現物給付ではない。つまり図④のように、たとえば入院や手術に際して、金銭が支給される（民間保険では「保険金」という）。

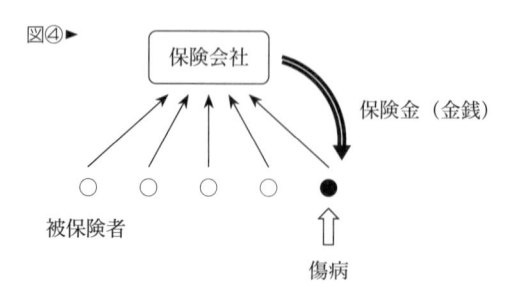

図④▶

保険会社

保険金（金銭）

○　○　○　○　●

被保険者

傷病

　この給付は、窓口負担（2.6参照）の額にちょうど当てはまる形

で支給されることもあるが、それとは関係なく、たとえば「入院1日当たり5000円」というように定額で支給される場合が多いし、手術の種類に応じて一定額が支給される場合もある。これらは生命保険の特約として付加されていることが多い。

さらに病気やケガ「そのもの」に対して支給されることもある。たとえば「がん保険」では、「ガンと診断されたら100万円」というような形で支給されることがある。

このように支給額は、実際にかかった医療費とは必ずしもリンクしていないことが多いし、リンクしていたとしても「おカネに色はない」ので、支給された金銭は何に使ってもよいはずである。入院や手術を給付事由にしている場合は、実際にその費用（2.6の窓口負担）は支出されているはずなので、結果的にはそれを埋めることになるだろうが、とくに診断自体をもとに支払われる場合には、保険金が何に使われるかはまったく分からない。たとえばガンになったが、一切治療をせずに世界旅行に行くことに決めて、その資金にすることも可能である（それが「よくない」という意味ではない）。

2.4 医療保険の保険給付

民間保険会社の医療保険は、基本的には金銭給付だが、公的な医療保険は、2.1でふれたように現物給付（医療サービスの給付）である。すると、保険者のところに集まった保険料（おカネ）が、どこでどう現物サービスに転換されるのか。

シンプルな説明としては、図①、図❷に医療機関をはさみ込んで、図❺のようなモデルが考えられる。

つまり保険者が患者に医療サービスを提供するのだが、自分自身では提供できないので、医療機関をつかって行うこととし、医療機関にその医療サービスに相当する金額が支払われているとい

図⑤▶

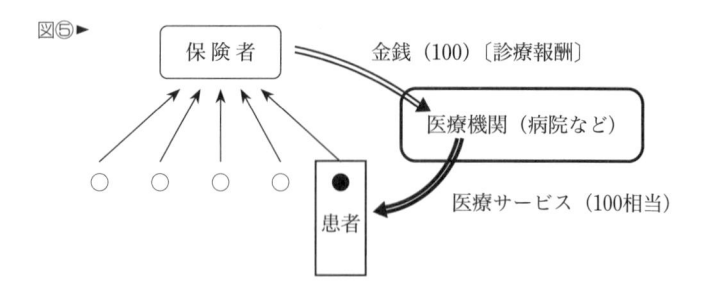

（図：保険者 ← 金銭（100）〔診療報酬〕― 医療機関（病院など） → 医療サービス（100相当） → 患者。保険者へ向かう矢印が複数（○○○○）から伸びている）

う理解である。

　これはいわば公的な医療保障のモデルと呼ぶことができる。つまり「社会保障」なので、公的な保険者が、医療機関を経由して、医療サービスそのものを提供しているという見方である。国民もこの図式に依拠して、国に対して医療の充実を求めるし、政党も選挙のたびに医療の充実を謳ったりしているものといえる。

　しかし上記の図式は、現実の医療とは少しずれている面もある。この図式だと、医療機関は保険給付を実施する「下請け」みたいな位置づけになり、国民健康保険のように保険者が自治体であれば、公務員的な存在となる。しかし、とくに公立ではない医療機関は、別に自治体の下請けとして医療サービスを提供しているわけではない。国民は、自治体などの保険者が、医療サービスの本当の提供主体と考えているわけでもない。たとえば民間の医療機関で医療過誤があったら、国民はその医療機関を訴えるのであり、その背後にある保険者や国を訴えたりはしない。

　むしろ国民は、好きな医療機関を選んで医療サービスを提供してもらっているのであり、その意味で「まず」あるのは患者と医療機関との関係であり、それこそが医療の当事者関係の本体でもあろう。

> ● **Coffee break** ● ビスマルクよりヒポクラテスの方が先
>
> 今では医療保険が定着しているので、まず医療保険があって、その仕組みのもとで、医療機関から医療サービスが提供されているという印象になっている。
>
> ただ考えてみれば歴史的には、医療保険というものができる前から、医者というものはいて、医療は提供されていたはずである。
>
> つまり、社会保険という仕組みができる前は、病人はなすすべなく家で寝ていたわけではない（そういうケースが今よりはるかに多かったにせよ）。標語的にいえば、ビスマルク（19世紀プロイセンの「社会保険の創設者」）よりも、ヒポクラテス（古代ギリシアの「最古の医者」）の方が、はるか昔にいたのである。
>
> つまり「医療保険ができた→医者が医療を提供するようになった」のではなくて、「医者が医療を提供していた→それを医療保険でカバーするようになった」という順番である（もっとも正確には、医師の起源と、病院の起源とはまた別である）。
>
> だから、法的にも患者と医療機関との間に「まず」医療サービスを提供する契約があったわけであり、その医療サービスの代金の支払債務をどう保険でカバーするか、というのが社会保険の歴史的な成り立ちのひとつでもある（フランスの医療保険では現在でも償還払いが大幅に用いられている）。
>
> ただし以上のような説明は、現行の法律に沿ったものではなく、むしろ保険の当事者関係のモデルに即して医療保険を理解するためのものである。逆に、保険スキーム（を作ること）が新たにサービス市場を産むという面もあり、とくに介護保険創設のときはそうだった。また日本では、医療機関へのフリーアクセス（どこの医療機関にも自由にかかれる）により、医療機関との契約というよりは、会員制サービスを利用するような意識があるともいえる。

そこで「まず」医療サービスの提供があるとすれば、当事者にとっては、法的には図⑥のような契約関係が最初にあるといえる。

このとき、患者が医療機関に支払う代金を、あらかじめ保険で

図⑥▶
　◇診療契約

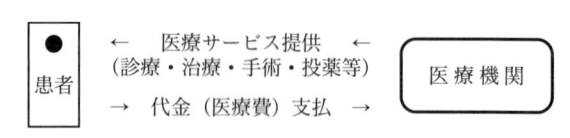

```
　　　　　←　医療サービス提供　←
●患者　（診療・治療・手術・投薬等）　　　　医療機関
　　　　　→　代金（医療費）支払　→
```

準備しておくことが考えられる。病気になったときの支払（100）に備えて、あらかじめ5人で保険料を（20ずつ）出しておく。すなわち**1.1**のもっともシンプルな保険のモデルである。

　この2つの当事者関係を重ね合わせると、図⑦のようになる。

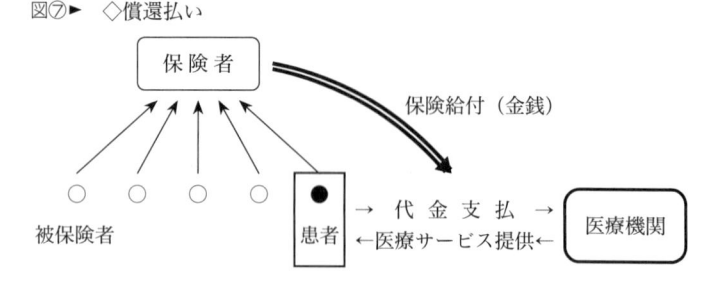

図⑦▶　◇償還払い

```
　　　　　　保険者
　　　↗ ↑ ↑ ↖　　　　　　　保険給付（金銭）
　　　　　　　　　　　　　　　　↘
　○　○　○　○　●患者　→　代金支払　→　医療機関
被保険者　　　　　　　←医療サービス提供←
```

ここでは医療機関から「まず」医療サービスが提供されて、患者がその代金を払い、「あとから」保険によってその支払代金がカバーされる形になっている。これは典型的な償還払いである。

　そこで、これをワンタッチですませてしまうことが考えられる。保険給付たる金銭を、最初から医療機関に支払えばいいのである（次頁図⑧の⋯⋯印）。これが診療報酬であり、現在の日本の医療保険の当事者構造は、基本的にこのような形（図⑧）になっている。これにより、医療保険で「現物」（医療サービスそのもの）が給付されることになり、結果的には前にふれた公的な医療保障のモデル（図⑤）と同じような形になる。

図❽▶ ◇現物給付

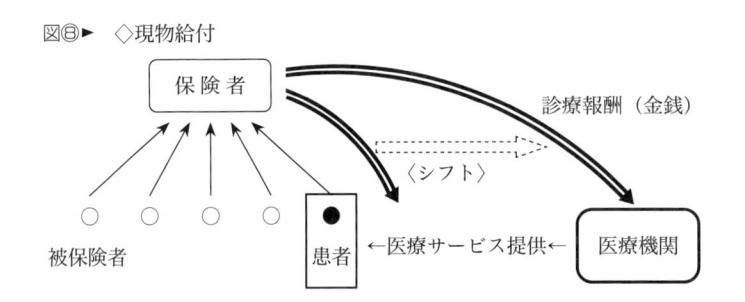

被保険者　患者　←医療サービス提供←　医療機関　保険者　診療報酬（金銭）　〈シフト〉

2.5 被保険者と保険料

以下では図❽に沿って、当事者や保険料についてみていきたい。

《被保険者》

日本は「国民皆保険」といって、すべての国民がいずれかの医療保険に加入する仕組みになっている（生活保護を受けている場合を除く）。たとえばいわゆる「勤め人」（被用者、雇用労働者、賃金労働者、サラリーマン・OL等々、呼び方はいろいろあるが、**1.3**参照）は、健康保険に加入することになっている。自営業者等は、国民健康保険に加入する。これらに応じて保険者も健康保険組合、協会けんぽ（全国健康保険協会）、自治体などに細かく分かれている（保険者については**2.10**で扱う）。

ただ細かくはいろいろ加入基準があって、たとえば健康保険でいえば、強制適用になるのは5人以上の事業所および法人事業所であり、また従業員でも短時間勤務のパートタイマー等は強制適用の対象にならない。〔2016年から20時間以上勤務等まで適用対象が拡大される予定。〕

なお、勤め人に扶養されている家族（専業主婦や子どもなど）は「被扶養者」（扶養される者）と位置づけられて、健康保険のなかで

カバーされる（**2.8**で扱う）。

《保険料》

次に保険料については、たとえば勤め人が加入している健康保険では、報酬（給料など）に比例して支払う保険料が算定される。各保険者によって料率は異なるが、たとえば「報酬の10％」というような形で決められる。これを応能負担という。支払能力に応じて保険料を負担するという意味である（なお税法上は、収入から諸控除を引いて所得になるが、社会保険では給料などを独自に算定して等級に分けた「平均標準報酬」のテーブル区分が、保険料率を乗じる対象となる）。

実際の料率は、保険者により、たとえば健康保険組合ごと、都道府県ごと、というように異なる。〔中小企業等が加入している全国健康保険協会（協会けんぽ）では、平均では約10％の料率となっている。〕

したがってシンプルなモデルでは、図❾の上段のように、要する費用（100）を人数（5人）で均等に割って、20ずつの保険料を支払うモデルにしていたが、応能負担のもとでは、図❾の下段のように、収入が高い人は多く、収入が低い人は少なく保険料を支払うことになる。

ただし次でみるように、保険料は原則として「労使折半」であり、半分は事業主が負担する。このモデルの例で、保険料が20で

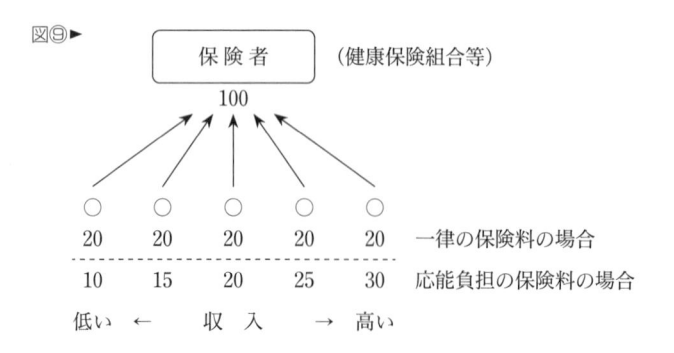

図❾▶

```
          ┌─────────┐
          │  保 険 者  │ （健康保険組合等）
          └─────────┘
               100
        ↖  ↖  ↑  ↗  ↗
        ○  ○  ○  ○  ○
        20  20  20  20  20    一律の保険料の場合
       ─────────────────────
        10  15  20  25  30    応能負担の保険料の場合
        低い  ←  収 入  →  高い
```

あれば、被保険者本人と事業主が10ずつを支払う。このうち従業員負担分は給料から天引きされる。たとえば保険料率が10％で、従業員がその半分だとすれば、結局のところ給料から健康保険の保険料として5％が天引きされることになる（ボーナスからも同様の形で徴収される）。

（((クローズアップ))）応益負担の位置づけ

このように給料が高いか低いかによって、保険料の水準が変わるのは、当然のようでもある。たとえば所得税は、収入が高ければ、多く納めるのが当然でもある。しかし、少なくとも病気やケガをする確率、医療費を使う度合いは、収入とは関係がない。むしろ低所得者の方が、健康管理が行き届かずに病気になる可能性が高いかもしれない（健康格差論といわれる）。その意味では高所得者にとっては、保険料は「割高」だといえる。

これは「各人は能力に応じて負担し、各人には必要に応じて給付する」という考え方（マルクスの『ゴータ綱領批判』に由来する）とも理解できるが、社会保険では保険料の多い／少ないが給付にまったく反映しないというのは、それほど一般的なことではない。厚生年金や雇用保険も、保険料については同様に応能負担の仕組みになっているけれども、これらでは高い保険料を支払った者は、給付水準も高くなっている。

しかし医療保険では、提供される医療サービスは病状などに応じて決まるので、保険料を多く払っていても、給付には反映しない。このような保険料の応能負担については、見方によっては「不公平」でもあるのだが、どのみち医療保険では実際の給付は病気やケガの様子によって個々に異なるし、診療報酬は患者ではなく医療機関に直接支払われるため、不公平感が表面化しないものともいえる（なお他の説明もあり得る。2.8の【クローズアップ】をあわせて参照）。

《事業主負担》

　すでにふれたように、保険料は原則として「労使折半」であり、協会けんぽ（主に中小企業の勤め人）では、保険料が20のモデルであれば、被保険者本人と事業主が10ずつを支払う（図⑩）。

　企業ごとにつくる健康保険組合では、半額以上を事業主が負担することも可能であり、実際にそのような健康保険組合もある。

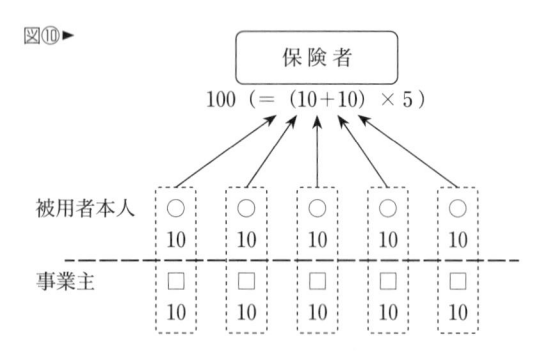

図⑩▶

```
              保険者
        100 ( = (10+10) × 5 )
```

被用者本人　○　○　○　○　○
　　　　　　10　10　10　10　10
　　　　　- - - - - - - - - - - -
事業主　　　□　□　□　□　□
　　　　　　10　10　10　10　10

　この事業主負担がいかなる性格のものであるかについては、いろいろな説明があるが、少なくともこのモデルでみる限り、事業主負担があることで、従業員（被保険者）本人の負担は半分ですんでいる。あるいは事業主負担があるおかげで、保険財源が倍になっている（つまり充実した給付が受けられる）ともいえる。

　ただそれとは別に、このモデルに照らしてみると、事業主が、自分たち自身のために保険に加入しているという見方も成り立つ。つまり従業員が傷病から回復して会社に復帰してくれることは、会社にとっても有益なことなので、そのために従業員が医療機関に支払う医療費を、事業主があらかじめ準備しておくために、保険に加入しておくという見方である。事業主が、従業員の全般的な健康管理の（さらに傷病に際しての）責任を負っていると考えれば、そのような見方も可能になる（図⑪）。

図⑪▶

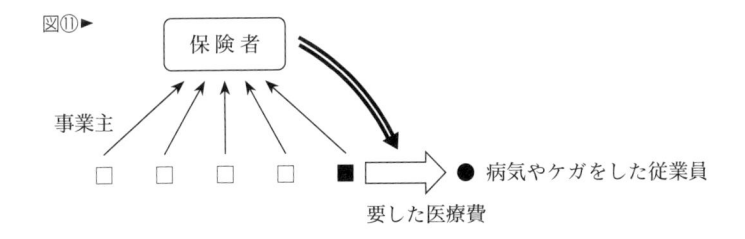

```
                保 険 者
              ↗  ↑  ↑  ↖
   事業主
    □   □   □   □   ■ ⟹ ● 病気やケガをした従業員
                        要した医療費
```

　別の言い方をすると、そもそも「まず」会社側に、従業員が医療機関にかかった際の医療費を支給する義務があるので、それに備えて保険に加入しておくのだという見方である。そして実際には保険の方から、従業員の要した医療費が直接的に医療機関に支払われることになる。

　このような見方は、歴史的な経緯（健康保険組合の起源のひとつ）とも一致するところがあるし、**1.4**でみた賠償責任保険の図式とも似ており（**2.4**でみたように、「まず」患者から医療機関への代金の支払義務が発生することからすれば、いわば二重に**1.4**の図式が折り重なっていることになる）、あとで扱う労働保険とも通じるところがあるが、これから順次みていく医療保険の各項目の理解にも役に立つところがある。

《国民健康保険の場合》

　自営業者等が加入する国民健康保険（**2.10**で改めて扱う）では、給料などの報酬という概念がないこともあり、所得だけではなく、それ以外の方法（人数割、資産割など）も含めて保険料を算定し、世帯主から徴収している。

　あわせて保険料が、自治体によっては「国民健康保険税」という名目で徴収されることもある。税という名目の方が、徴収しやすいからである。ただし、これを払わなければ給付を得られないという意味では、この「税」は実質的には保険料であり、あとで

みる公費負担（**2.11**）とは異なる。

2.6 窓口（患者）負担

　医療機関などにかかった場合、窓口で求められた金額を支払う。これを窓口負担、患者負担などと呼ぶ（法律上は「一部負担金」。健康保険法74条等。ここではイメージアップのために窓口負担と記載する）。

　もちろんこれが治療等に要した医療費全部ではない。医療費（法律上は「療養の給付に関する費用」。健康保険法76条等）は、**2.4**でみたように、保険がきく診療であれば、その大部分は保険者から診療報酬として支払われる。逆にいえば加入者は、そのためにあらかじめ保険料を支払っているのである。

　もしそうであれば、わざわざ窓口負担を支払うようにしなくてもいいはずである。実際、窓口負担を要しない領域もあるし、かつての老人医療では（さらにさかのぼれば健康保険一般でも）基本的に窓口負担はなかった。

　今でもモデル的には医療保険全体を図⑫のように、窓口負担なしに設計することは可能である（実際には保険料は応能負担だが、以下では分かりやすくするために保険料20ずつのシンプルなモデルに戻している）。

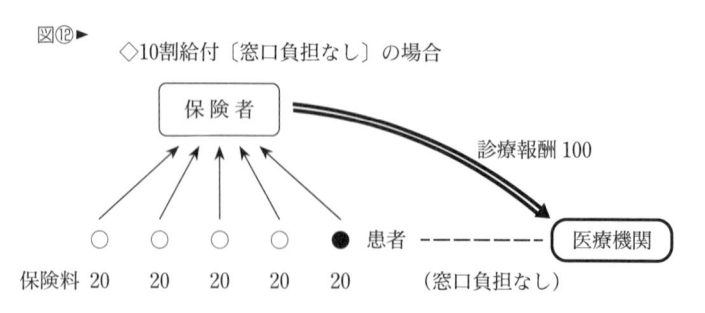

図⑫▶　◇10割給付〔窓口負担なし〕の場合

```
            ┌─────────┐
            │  保険者  │─────────────┐
            └─────────┘  診療報酬100  │
             ↑ ↑ ↑ ↑                  ↓
                                  ┌─────────┐
             ○ ○ ○ ○ ● 患者 ──── │ 医療機関 │
                                  └─────────┘
        保険料 20 20 20 20 20   （窓口負担なし）
```

　しかし日本の現行制度では、窓口での３割負担が標準形となっ

ている（いいかえれば7割が保険者から給付される）。モデル的には図⑬のようになる。

図⑬▶　◇3割負担（7割給付）の場合（現在の基本形）

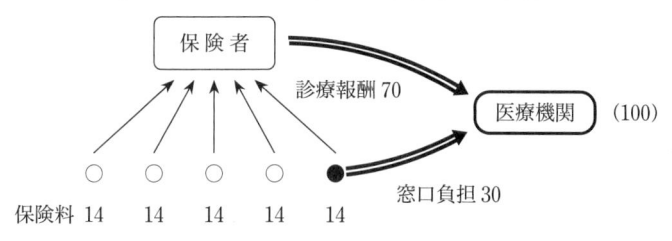

```
           保険者
          ↗ ↑ ↑ ↖  診療報酬70
         ↗  |  |   ↘
        ○  ○  ○  ○  ●      → 医療機関 (100)
                              窓口負担30
保険料 14  14  14  14  14
```

　ただし高齢者の窓口負担は所得により1〜3割、6歳まで（小学校入学前）の児童は2割と、原則の3割より低くなっている。また窓口負担の額が重なってくると、高額療養費制度が適用される（**2.7**参照）。

　これらのモデル（図⑫、図⑬）を見比べると、窓口負担を入れた分、ひとつには保険料水準が下がっていることが分かる（これはモデルなのでそうなっているが、実際には医療費増加の中で、保険料の引き上げを抑える効果がある、さらには投入する公費（**2.11**参照）を抑える効果があるというべきかもしれない）。

　ただそのために、患者――実際に病気等になった人――が、そうでない人よりも多くを負担することになっている。このことは当然のようではあるが、10割給付で設定した場合には、患者は要する医療費を全額医療保険でカバーされて、病気にならなかった人との間で金銭的な負担に差は生じないから、大きな違いである。

　すなわち実際に病気等になった人（●印）の負担が、10割給付のモデル（図⑫）では20（保険料負担のみ）だったところ、3割負担のモデル（図⑬）では44（14＋30）になっていて、逆にそれ以外の（病気にならなかった）人（○印）の負担は20から14に減っている。つまり見方によっては、窓口負担は実際に病気やケガに見舞われ

た人たちに「しわ寄せ」を及ぼしているともいえる。

　もっとも医療サービスの現物は分割できないので、保険給付の水準を別途（必ずしも全額をカバーするのではない形で）、独立的に決定するとすれば、それを実現するためには、償還払いにする（その償還割合で調整する）か、一部負担を設定する（その負担割合で調整する）しかない。つまり一部負担は償還払いの変形ともいえる。

（クローズアップ）窓口負担とモラルハザード

　これとは別に、窓口負担の根拠として、いわゆるモラルハザード（moral hazard）の問題が挙げられるのが一般的である。「無料だと、医療サービスが必要以上に浪費される」、「その場で一定程度の負担がないと、人々が医療機関にかかりすぎる」という説明である。

　趣味で医療機関にかかる人が多くいるとは思われない。ただ、わが身を省みても、「念のため、多めに薬を下さい」と医者に頼んだりもするので、モラルハザードがまったくあり得ないとは言えそうにない。

　また医療機関の側でも、患者側にまったく負担が生じないのならば、いろいろ「余計な」診療をして、診療報酬を多くもらうという行動を誘発するおそれもある（医師誘発需要といわれる。2.13をあわせて参照）。

　結局のところ、窓口負担がまったくないと、いろいろ問題が起きそうなのは確かだが、それが患者にとっては重い負担となるのも事実なので、それらを勘案してその割合を決めるしかない。それが現在は原則3割なのであり、2002年の改正法附則2条によりこれ以上引き上げないことにはなっている。

　あわせてそのような窓口負担が積み重なって、重い負担になることへの対処が必要となる。これが次でみる高額療養費という仕組みである。

● Coffee break ● 病院の老人サロン化問題

かつて老人医療が無料（窓口負担なし）だった時代に、病院の「老人サロン化」ということがいわれた。病気でもないのに、老人が「タダだから」病院に来てしまい、その待合室が老人の社交場になってしまうというアネクドート（逸話。anecdote）である。

あまりにも有名な話なので、今さら書くのも気恥ずかしいくらいなのだが、それでも日々、「小咄」として語られ続けている。本当に病気になった高齢者は、病院に来られない、というのがオチである。

実際、老人医療が無料になった時期（1970年代）の前後を比べると、老人医療費が急増したのは確かである。しかしそれは、高齢者もやっと遠慮なく病院に行けるようになったとみることも可能だし、そのことがその後の平均寿命の伸びにも寄与しているかもしれない。さらにそういう風に、高齢者が毎日のように外出する機会を持つこと自体に意味があるとの指摘もある。

ただ、そのように病院が混んでしまうと、本当に急いで受診する必要がある病人がなかなか診てもらえないということがあり、そういう点（いいかえれば医療機関の役割分担）が、むしろ問題の本質でもあろう。

2.7 高額療養費

このように窓口負担は原則3割だが、病気が重篤だったり、いくつも重なったりすると、その3割負担が徐々に積み重なって、大きな額になることが考えられる。

そこで、これらの窓口負担の総額に上限（いわば天井）の仕組みが設けられている。これが高額療養費という制度である（図⑭）。〔一般の場合（70歳未満、標準報酬月額28～50万円）、月額で8万100円が窓口負担の上限となる。要した医療費でいうと26.7万円で、その原則3割が上限という意味になる（2015年1月～）〕。高所得者では、その限度額が

高くなり、逆に低所得者では負担の上限は低くなる。

　この場合の上限（天井）は、患者にとっては低い方がありがたいことになる（負担額は世帯で合算され、また多数回これに該当することにより負担の上限額は低くなる。さらに介護保険の利用者負担とも合算され、一定の限度額を超えるとその超えた金額が支給（償還）されるようになっている）。〔所得区分により、上限はさらに細部化される予定である。〕ただ保険料も「応能負担」であることから、そのあり方につき議論はある。

　この高額療養費という仕組みは、考え方としては、原則として「まず」3割負担を患者が支払うのだが、負担上限である天井を超えた部分については、「あとから」払い戻されるというものである。だから制度の名称も高額療養「費」なのであり、これも費用があとから償還されるという意味である（すでに述べた償還払いの大切さを意識すべき場面のひとつともいえる。「……費」という名称の制度は、そのパターンであることが多い）。もっとも一部入院費用については、最初から限度額以上は払わなくてもいいようになっており、「現物給付化」されている。

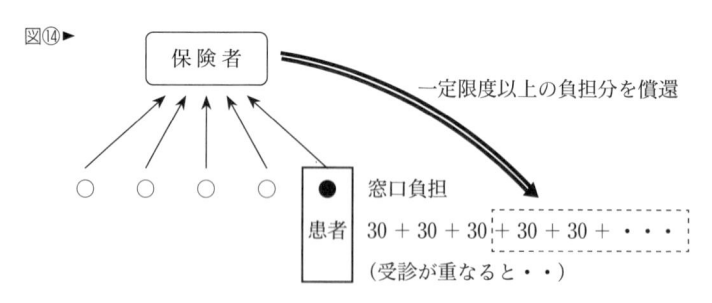

図⑭▶

（受診が重なると・・）

　ただしこの天井を超えれば、際限なく医療費がかかっても、自己負担は一切増えないというわけではない。少し複雑だが、この天井を超えて要した医療費の1％分が患者負担に加算される。つまり、ほんの少しずつ自己負担の天井が上がるのである（図⑮）。

図⑮▶

医療費

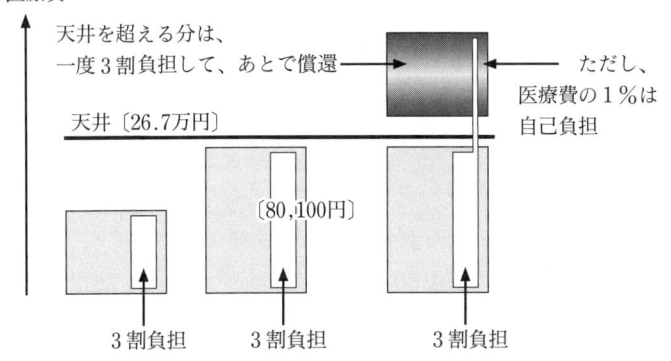

天井を超える分は、
一度3割負担して、あとで償還

ただし、
医療費の1％は
自己負担

天井〔26.7万円〕

〔80,100円〕

3割負担　3割負担　3割負担

2.8 家族療養費

　医療保険では、勤め人世帯（健康保険）の場合、雇われている勤め人が加入して被保険者となるが、このとき扶養している家族（配偶者や子ども）は「被扶養者」と位置づけられて、その傷病も医療保険の対象となる（被保険者本人と同様に、原則3割負担で利用できる。6歳まで（小学校入学前）の児童なら2割負担）。

　法律的にはこれは「被保険者への家族療養費の支給」と位置づけられている（健康保険法110条）。つまり被保険者（勤め人）の扶養する家族が医療機関にかかった場合、被保険者本人が（とりあえず）その費用を負担して、その分が（あとから）医療保険から被保険者本人に給付されるという考え方である。この給付を医療機関が代わりに受け取ることで、それらが「現物給付化」されているということになる。

　このような給付は、被保険者の家族の傷病に際して、被保険者の経済的負担を軽減するという趣旨で、かつては補給金という名

称で制度化されていたものであり、だから現在でも法律上は家族療養「費」の支給になっている。

つまりここで「まず」あるのは、家族が医療機関にかかったときに、医療費を支払う世帯主の代金債務であり、それを事業主とともに保険で準備しているということになる。考え方としては、その代金債務が「あとから」家族療養費として支給されるのだが、実際にはそれが直接、医療機関に支払われているわけである。

((クローズアップ)) 被扶養者と応能保険料の関係

勤め人が加入する健康保険では、保険料の算定は、2.5でみたように、あくまで被保険者本人の給料に比例して決まる。しかしここでみてきたように、家族の医療保障も健康保険によって行われる。すると、家族が多い方が、「得」とまではいわないとしても、家族が少ないと「割を食っている」ことになる。

ところでこの点を、保険料の応能負担と照らし合わせると、結果的に、辻褄が合っているともみられる（あくまで「結果的に」である）。というのは一般論としては、日本では年功序列により、年齢が上の（したがって一般的には扶養家族が多い）従業員は、給料も高いことが「多い」からである（図⑯）。

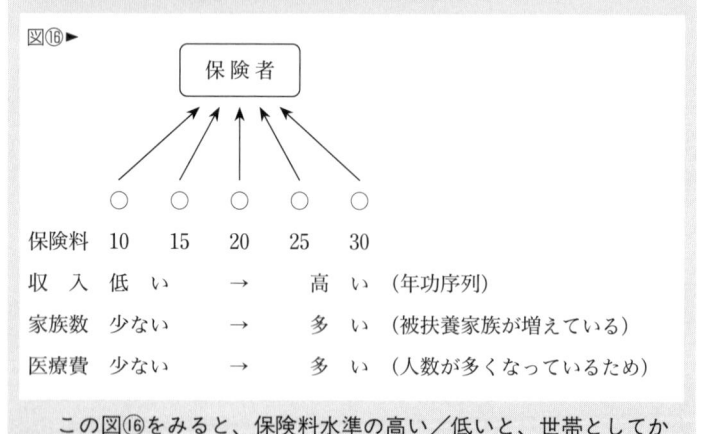

図⑯▶

```
         保 険 者
        ↗ ↑ ↑ ↖ ↖
       ○  ○  ○  ○  ○
```

保険料　10　　15　　20　　25　　30

収　入　低　い　　→　　高　い　（年功序列）

家族数　少ない　　→　　多　い　（被扶養家族が増えている）

医療費　少ない　　→　　多　い　（人数が多くなっているため）

この図⑯をみると、保険料水準の高い／低いと、世帯としてか

かる医療費の多い／少ないとが、結果的に対応しているといえる。その意味では「辻褄が合っている」のである。もっともこの説明は、あくまで年功序列賃金や標準的な世帯モデルを前提としたものである点には注意を要する（2.5の**【クローズアップ】**をあわせて参照）。

2.9 傷病手当金等の金銭給付

医療保険では、医療自体ではなく、金銭給付も行われる。その代表は、健康保険の傷病手当金で、病気で働けない間の所得保障の役割を果たす。

具体的には、従前の所得の2/3が、働けなくなって4日目から、1年半まで支給される。医療保険の給付内容は、基本的には報酬（あるいは払っていた保険料の水準）とは関係なく、必要に応じて行われるが、この部分は報酬比例で設計されている。

これは、傷病等がなければ得られたはずの収入を、一定程度カバーするものである（図⑰）。このタイプの給付は公的年金や労働保険で多く出てくるが、医療保険では基本的に給付内容は病状等に応じて（つまり支払っていた保険料の水準とは関係なく）決まるので、そのなかでは例外的な設計となっている。

また出産手当金も重要であり、同様に従前所得の2/3が支給さ

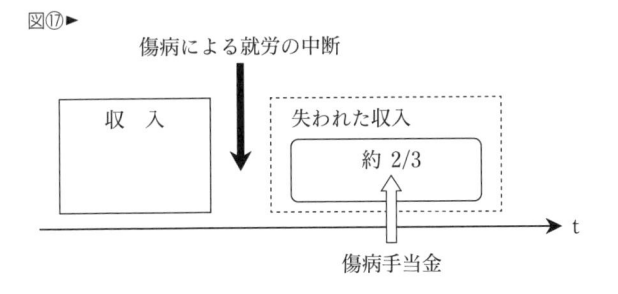

図⑰▶

傷病による就労の中断

収　入　　　失われた収入　約 2/3

傷病手当金

れる（産前6週間、産後8週間）。ほかに出産についての出産育児一時金、埋葬料などの金銭給付もある。

2.10 医療保険の体系

　日本は「国民皆保険」で、全員がいずれかの公的な医療保険に加入する形がとられている。しかしそれらの制度は分立している。

　経緯としては、まず会社単位で、単独で保険集団として健康保険組合を作れるところが作った（図⑱のア．）。

　しかし、そのように単独では保険集団を作れない小さな会社なども多いので、それらをまとめて国が「面倒をみる」ことにした（図⑱のイ．の、シャドーをかけた部分）。

　これを政府管掌健康保険といっていたが、いまでは全国健康保険協会管掌健康保険（通称「協会けんぽ」）といっている。「全国健康保険協会」という団体が、保険者として「管掌」する「健康保険」という意味である（図⑱のウ．）。

　するとこの健康保険組合と協会けんぽによって、大企業と、中小企業の従業員がカバーされるので、会社の従業員「以外」が残る（図⑲の、シャドーをかけた部分）。具体的には自営業者、農業・漁業者、その他がこれに含まれてくる。

　これをさらに全部まとめて、国が「面倒をみる」ことにした。しかし全国にわたるので、地方自治体がそれぞれの区域内を担当することとした。これを「国民健康保険」という。〔市町村単位で運営されているが、都道府県単位に再編していくことが予定されている。〕

　このような経緯なので、「国民健康保険」というと、全国民対象のような名称だが、むしろ経緯からすると、健康保険組合でも協会けんぽでもカバーされない、いわば「残りの残り」である。逆にいうとこの部分まで医療保険の対象にしたことで、日本は国民全員を医療保険でカバーできた（国民皆保険）ということになる。

図⑱▶

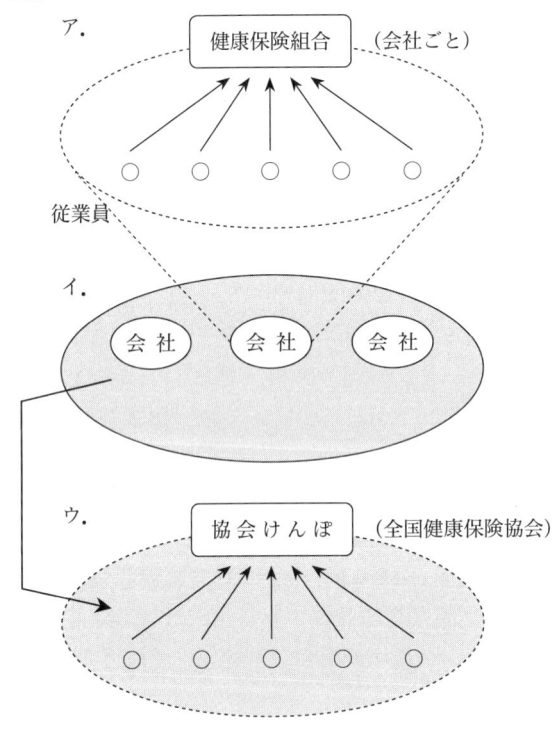

ア. 健康保険組合 (会社ごと)

従業員

イ. 会社　会社　会社

ウ. 協会けんぽ (全国健康保険協会)

図⑲▶

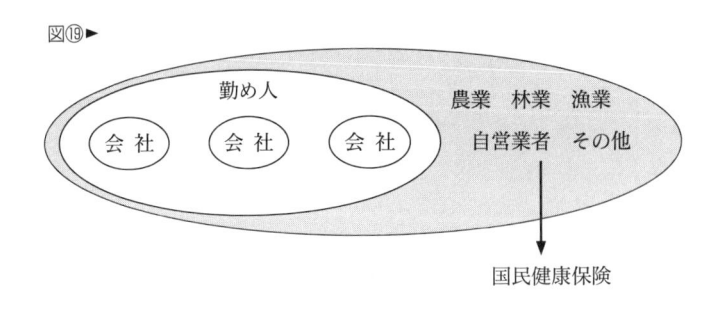

勤め人
会社　会社　会社
農業　林業　漁業
自営業者　その他

↓
国民健康保険

2.10 医療保険の体系　47

たとえばアメリカでもずっと議論されているが、国民全員を公的な医療保険でカバーするのは、きわめて困難な事柄なのである。

《財政上の格差》

　これらの3種類の保険者の財政状態は、その経緯からしてもだいぶ様子が異なる。つまり最初に「抜けた」大企業の健康保険組合は、財政的にもそこそこ余裕がある。逆に、だからこそ自分たちだけで健康保険組合を作れたともいえる。

　2番目の協会けんぽは、まあまあである。これも歴史的にはかなり厳しい財政問題を抱えてきている（「3k」の元の語源は、昭和40年代の、コメ、国鉄と並んでこの健康保険の赤字問題であった）。

　しかしさらに大きな問題があるのは、三番目の国民健康保険である。これには自営業者等と書いてきたが、「その他全部」、すなわち無業の人も入っている。会社を退職した被用者も（経過的には退職者医療制度があるが）国民健康保険に移ってくることになる。これらが次の財政問題（公費負担）や、高齢者医療問題につながってくる。ただし生活保護を受けている世帯は適用除外になり（国民健康保険法6条9号）、傷病の場合は別途、生活保護（医療扶助）で対応される。

　なお健康保険組合には、別途、同業種団体によるものがある。また公務員は、共済組合に加入している。

● **Coffee break** ●　医療保険の体系と恋愛事情

　たとえば学校のクラスやサークルの中では、どうしても「もてる系」の男子・女子に人気が集まって、結果として最初に「もてる系」同士が同級生のうらやむカップルになる。

　次の段階では、それには及ばないが、そこそこの男子・女子が、若干の妥協をもとにカップルとなる。以後、徐々に妥協色が多くなりつつも、カップルが増えていく。

で、最後にはなかなか相手が見つからない学生たちが残ってしまう。そこで「親切でお節介な先生」がいれば、そういう学生のために合コンなどを開催して、まとめて面倒を見てくれるかもしれない。

「協会けんぽ」は、見方によってはそういうものでもある（その意味では以前の名称「政府管掌健康保険」の方が、そのニュアンスが出ていた）し、自治体の国民健康保険も同様である。「お節介」などと書いてしまったが、それによって国民皆保険が実現したわけで、大変意義のある「お節介」であった。

ちなみに筆者の学生時代には、そういう「親切でお節介な先生」はいなかったので、「もてる系」とは対極的な筆者は、淋しい学生生活を送った。逆にいま大学で、自分のゼミ生同士が付き合い始めたという話を聞いたりすると、自分が医療保険の保険者になったような気持ちがする。

2.11　公費負担

社会保険では、保険者の財政力に応じて、一定の公費負担がされることがある（**1.3**参照）。これにより給付の充実、ないしは保険料の軽減（引き上げの緩和）が可能となる（図⑳）。

そこで医療保険でも保険者グループごとに、すなわちすでにみたように財政力（その苦しさ）の程度に応じて、給付費に国庫等の公費負担が投入されている。

```
健康保険組合（大企業が多い）    →  公費投入なし
協会けんぽ（中小企業が多い）    →  少し公費を投入
                                   〔給付費の16.4%〕
国民健康保険（無業の人が多い）  →  約半分を公費で負担
後期高齢者医療制度（※）        →  約半分を公費で負担
```

（※）**2.15**で扱う。

図㉑▶

ア．公費負担が無い場合

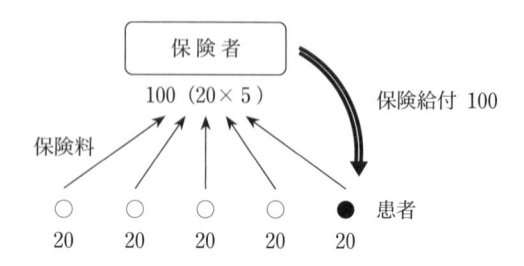

```
        ┌─────────┐
        │  保険者  │
        └─────────┘
         100（20×5）        保険給付 100
  保険料  ↑ ↑ ↑ ↑ ↘
   ○   ○   ○   ○   ●  患者
   20   20   20   20   20
```

イ．5割の公費負担がある場合（給付水準は変えない場合）

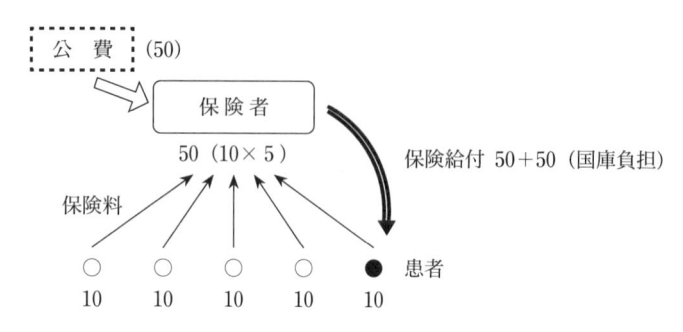

```
  ┌──────┐
  │ 公 費 │(50)
  └──────┘
       ⇘
        ┌─────────┐
        │  保険者  │
        └─────────┘
         50（10×5）        保険給付 50＋50（国庫負担）
  保険料  ↑ ↑ ↑ ↑ ↘
   ○   ○   ○   ○   ●  患者
   10   10   10   10   10
```

《《《クローズアップ》》》 公費負担の評価

　国庫や自治体からの公費負担により、加入者にとっては、給付を充実できる、ないしは保険料を軽減する（あるいは引き上げなくてすむ）というメリットがあるのは確かである。

　とくに国民健康保険については、被用者保険と比べると、事業主負担がない（事業主がいない）ので、公費がいわばその代わりをしているという説明もある（図㉑）。

　また事業主と同様に、国が国民の健康に対して責任の一端を担っているという説明も可能であろう。

図㉑►

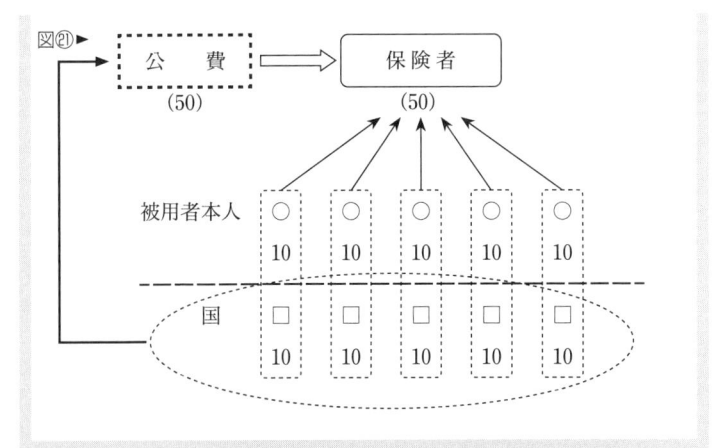

```
  ┌─────┐        ┌─────────┐
  │ 公 費 │  ⇒    │  保険者  │
  └─────┘        └─────────┘
   (50)            (50)
                    ↑ ↑ ↑ ↑ ↑
被用者本人  ○   ○   ○   ○   ○
           10  10  10  10  10
  ─ ─ ─ ─ ─ ─ ─ ─ ─ ─ ─ ─ ─ ─
       国  □   □   □   □   □
           10  10  10  10  10
```

　他方、個々の保険者で財政状態はさまざまなので、保険者グループごとに一律の補助が妥当かどうか、議論はありうる。

　とくにこのような国庫負担は、伝統的に社会保険を発展させてきたドイツやフランスでは基本的に行われてこなかった。それは保険団体の自立性の重視ということでもある。そこでは、たとえば保険料を高くして、給付も充実させるか、逆に給付はそこそこで我慢して、保険料は抑えるか、という保険者ごとの自主的な判断も尊重されるということである。

　また国庫などの公費負担というのも、もともとは国民の税金によるものであり、公費負担が多ければ、保険料負担は軽減できるものの、国民の負担自体が減るというものでもない。「その部分」だけではなく総合的に考える必要があるだろう。

2.12　保険診療

　医療保険においては、現物の給付を行うために、いろいろな診療行為（検査や診断、注射、処置、麻酔、手術、入院、投薬等々）に、それぞれ価格がつけられている。これを診療報酬という。

具体的には1点が10円となっていて、たとえばこの注射は1本18点（つまり180円）とか、レントゲンが1枚100点（1,000円）とか、この胃の手術は30,000点（30万円）というように（本当はもっと細かく）定められている。これらをまとめた一覧は、分厚い百科事典みたいになっている。

そこで、一連の診療（たとえば検査〜治療〜投薬等）で、それぞれの診療報酬点数を積み上げた合計額が、その診療での合計点数になり、その7割が保険者から医療機関に支払われる。残りの3割は、窓口負担となる（**2.6**参照）。

あくまで簡略化のためのモデルだが、たとえば一連の診療において、同じく20の費用の5つの診療行為が行われたとすると、計100の医療費がかかる（図㉒。それぞれがたとえば2,000円だとすると、合計で1万円となる）。医療保険と関係なく医療機関にかかれば、それをそのまま支払うことになる（いわゆる自由診療）。

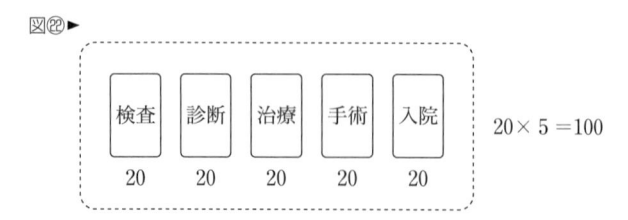

図㉒▶

検査	診断	治療	手術	入院
20	20	20	20	20

20×5＝100

そこで医療保険が適用されて、これらがすべて保険診療であれば、その7割（100のうち70。合計が1万円なら7,000円）が、診療報酬として支払われる。残り3割（合計が1万円なら3,000円）は窓口負担になり患者が支払う（図㉓）。

かつては保険が効かない診療や薬が多かったが（制限診療といわれる）、現在では一般的な診療には保険が適用される。

しかし漢方薬や美容整形のように、保険が効かない診療（実施すること自体は可能）は依然としてあるし、また危険性等から実施自体が一般的には許されない診療行為もある。

図㉓ ▶

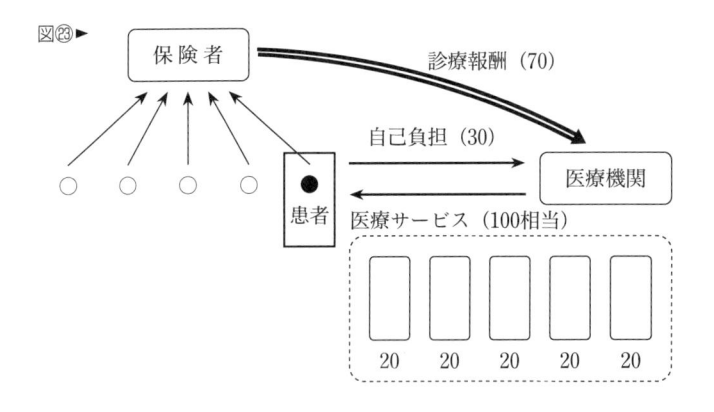

```
                    保険者 ──────診療報酬（70）──→
                     ↑ ↑ ↑ ↑                              
                     │ │ │ │      自己負担（30）
                                  ─────────────→  医療機関
                    ○ ○ ○ ○    患者
                                     医療サービス（100相当）
                                     ┌──┬──┬──┬──┬──┐
                                     │20│20│20│20│20│
                                     └──┴──┴──┴──┴──┘
```

2.13 診療報酬体系

　日本の医療保険は、基本的に**2.12**でみたように、診療行為ごとの価格を積み上げていく方式になっており、これを「出来高払い」という。分かりやすく、透明性がある方式といえる。ただ、この保険診療という枠組みについては、次の**2.14**で扱う混合診療といわれる大きな問題がある。

　しかしその前に、「出来高払い」の問題点と、それ以外の方式についてみておきたい。

　「出来高払い」の問題点として指摘されるのは、それが診療すればするほど、医療機関としては、多くの診療報酬を得られる仕組みである点である。なるべく手厚い（多くの）診療を施せば、「収入」は増えることになる。もちろん診療は手厚いに越したことはないのだが、医療というのは、たとえば「念のため、毎回レントゲンを撮る、血液検査をする」とか、「念のため薬を多めに、多くの種類を出しておく」とか、やりだせばキリがないところはある。たとえば毎週のように人間ドック並みの検査をすることも、まったく無意味とはいいきれないだろう。しかしそういうことが

重なれば、医療費は際限なくかかってしまう。

《原則の修正》

そこで、手厚い診療に意味が乏しいことが多い領域（一般的には老人医療等）では、別の方法が組み合わされている。たとえばこういう患者であれば「一人一日当たりにつき、いくら」というような診療報酬の定め方である。この方法であれば、「わざとたくさん手をかけても、儲からない」といえ、ひるがえって医療費の増加にも歯止めがかかることが考えられる。この方法は、包括払いとか、包括化・包括評価などといわれる。

ただこの方式であると、逆に「いろいろやってもやらなくても同じ」ということにもなりかねない。やはり領域によって、細かい組み合わせが必要となる。

諸外国では、医者単位、受け持つ患者数単位、疾病単位など、多様な方法が用いられており（これらのメリット・デメリットはさまざまである）、そのなかで日本は今のところ、ある種の性善説にも立って、出来高払いを基本にすることで、充実した医療を実現しているということができるだろう。

● **Coffee break** ● 診療報酬と握り寿司

「出来高払い」による診療報酬は、ひとつずつの医療行為に値段がついていて、いわば「握り寿司」のようなものである。「まぐろ300円」とか、「たまご120円」とか「うに500円」というように、一つ一つ値段が決まっているわけである。

ところがこの「医療の寿司屋」は、お客さんの注文を待ってというよりは、寿司屋の側が何を食べさせるか決めるところがある。そうだとすると、「たくさん儲けたい寿司屋」は、高いネタのものをどんどん握って提供するということになりかねない。

もちろん「是非食べてもらいたい」というネタを、遠慮なく提

供できるという意味では、いい仕組みである。しかし少し危ない面もある。

そこで、これを抑えようとすれば、たとえば「客一人単位でいくらまで」というように枠を決めるアイディアが出てくる。「1人前いくら」という値段の決め方は、むしろ寿司屋ではおなじみのものだろう。もちろんそうすると逆に、相手によって、「是非これを食べてもらいたい」というのがあっても、価格的な制約で提供できないということもありうる。

やはりいくつかの方法を、適切に組み合わせていくのがよさそうである。

《薬価基準と薬価差》

医療行為については診療報酬が定められているが、薬については別に薬価基準というものがあって、それぞれの公定価格が定められている。たとえばこの薬は1錠いくら、1本いくら、というように細かく決まっている(全部で約1万5千品目といわれる)。

ただ医療機関では、薬をこの公定価格よりも安く仕入れることができると、その差額は「儲け」になる(これは薬価差益と呼ばれる)。そうすると医療機関としては、薬を出せば出すほどその差額分が「儲かる」ことになるので、問題とされている。

病院によっては、処方箋というものを渡されて、別の薬局にいくことがあるが、これもその対策の一環といえる。病院で並んで、そのあとまた近くの薬局で並んで、というのは面倒でもあるのだが、こうすれば医療機関が仮に「わざと、たくさん薬を出す」という行動をとっても、自分のところが儲かるわけではないので、意味がなくなるわけである。これも出来高払い的な体系の問題点へのひとつの対応といえる(もっとも処方箋については、あわせて医薬分業、投薬の専門的な見地からの意味合いがあるとされる)。

2.13 診療報酬体系　55

2.14 混合診療と保険外併用療養費

医療保険では、このような「一連の診療」において、その全部を保険診療で構成しなければならないとされている。つまり「保険外の診療」（保険適用されない、診療報酬の点数がない）を、ひとつでも「一連の診療」において混ぜてはダメで、もし混ぜると全体に保険が効かなくなってしまう。これは「混合診療禁止の原則」といわれる。

たとえば「一連の診療」が、前のモデル（図㉒）と同様に、20（たとえば2,000円）という価格の医療行為5つから構成されていて、合計100（たとえば10,000円）の医療費がかかったとする。

このとき保険適用されれば、それぞれ7割（つまり14ずつ。計70（たとえば7,000円））は保険給付されるので、残りの30（たとえば3,000円）が自己負担（窓口負担）となる（図㉔）。

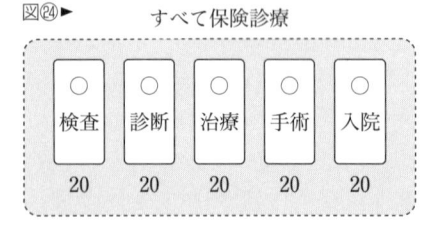

図㉔▶　　　すべて保険診療

　　検査　診断　治療　手術　入院　　＠20×5＝100　← 保険給付
　　 20　 20　 20　 20　 20　　　　　　　　　（7割）

　　　　　　　　　　　　　　　　　　　＠6×5＝30　を自己負担
　　　　　　　　　　　　　　　　　　　　　　　　（3割）

そこで、このなかにひとつでも保険外の診療が混じったとする。たとえばガンの陽子線治療は、普通の医療機関が行うと保険外になる（そういう診療は高価なことが多いが、ここでは簡略化のために価格はあえて同じ20（たとえば2,000円）とする）。

そうすると、このようにひとつでも保険外診療が混じることで、その保険外の部分だけではなくて、一連の診療については、まったく保険は適用されなくなる。つまり100（たとえば10,000円）全額

が自己負担になるのである。これが現状の「混合診療禁止の原則」の帰結である（図㉕）。

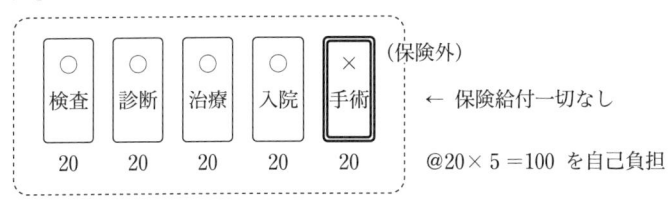

図㉕▶

○ 検査	○ 診断	○ 治療	○ 入院	× 手術 |（保険外）
20	20	20	20	20

← 保険給付一切なし

@20×5＝100 を自己負担

《混合診療の解禁論》

この混合診療は、長らくいわゆる規制緩和の主戦場のひとつとなっている。

すなわち混合診療の解禁論は、図㉖のように、「一連の診療」を個別に見て、保険適用できるところはすればいいと主張している。たったひとつでも保険外の診療が混じったら、そのためにそれ以外も含めて全体に保険がまったく適用されなくなるのは、不合理だという主張である。

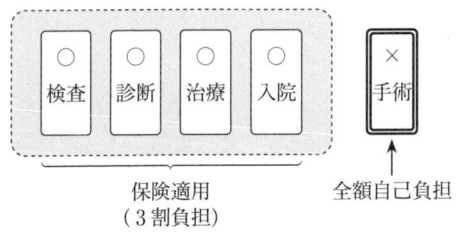

図㉖▶
◇混合治療を認めた場合

○ 検査	○ 診断	○ 治療	○ 入院	× 手術

保険適用（3割負担）　　全額自己負担

実際、個々に診療報酬が決まっているのだから、これをみるとそれでも別に構わないようにも思える。

ただ問題はもちろん保険外の部分（たとえば保険外の方法による手

術）であり、保険外ということは、その効果も安全性も、誰も保障していないことになる。

　もちろん保険外でも、安全で、有用な診療行為がないわけではない。しかしそうであれば、保険適用して構わないはずである。そうでないと、プラスアルファ（図㉕の場合は保険外の手術に関する20と6（3割負担）の差である14）を支払える人だけが、図㉖のような形でその手術を利用できることになってしまう。「健康をおカネで買う」というのは望ましくないだろう。

　ただし現行制度下でも、図㉕のように、最初から全部保険外で100を払えば、いわゆる自由診療として、保険外の診療も利用は可能である。つまりこの保険外の診療を利用できるかどうかを「格差」と呼ぶならば、今だって、すでに医療格差はある。この点が議論を複雑にしている。

　実際には、より微妙な領域で問題となる。たとえば外国で認められていて、日本ではまだ認められていない薬や療法の扱いなどである。やがて日本でも認可されるかもしれないが、患者としてはそれを待っている余裕などはない（ドラッグ・ラグ問題といわれる）。そんなときには何とかならないのかという印象が強く、割り切るのが難しい問題である。

《保険外併用療養費》

　このように原則として混合診療は禁止されているが、例外として、これが認められている領域がある。典型的にはいわゆる差額ベッドといわれるものや、歯科診療での「歯科材料」（いわゆる金歯）などである。

　これは現在では「保険外併用療養費」という名称で、拡大傾向にある。名称は転変している（今後もいろいろ変わりそうである）が、基本的な仕組みは図㉗のように、保険外診療と組み合わせた場合にも、基礎的な保険診療の部分だけには、保険を適用して、その

分の医療費（その7割）を給付するというものである。

図㉗▶

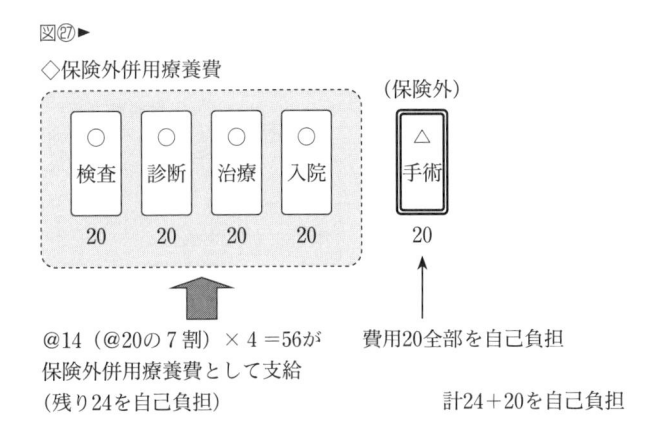

◇保険外併用療養費

検査	診断	治療	入院	(保険外) 手術
○	○	○	○	△
20	20	20	20	20

@14（@20の7割）×4＝56が
保険外併用療養費として支給
（残り24を自己負担）

費用20全部を自己負担

計24＋20を自己負担

つまり考え方としては「まず」全額、自費で診療を受けて、「あとから」基礎的な部分（4つの医療行為）の費用だけに保険適用されて、その7割が払い戻されるというものである（図㉘）。

図㉘▶

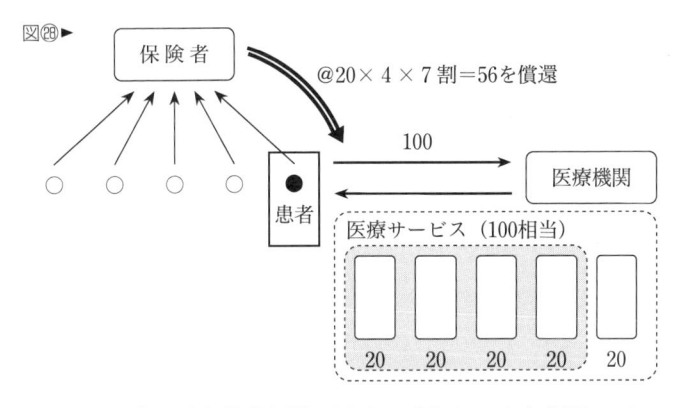

保険者　@20×4×7割＝56を償還

患者　100　医療機関

医療サービス（100相当）
20　20　20　20　20

ここでも「まず」診療契約があり、「あとから」保険でカバーされるという図式になっており、だから保険外併用療養「費」の支給という形（償還払い）で設計されているのである（かつては特定療養「費」の支給といわれていた。ちなみにこの形を全面的に採用したのが

2.14 混合診療と保険外併用療養費

介護保険（**3.**）である）。そしてその分を、直接医療機関に払えば、最初から自己負担は44ですむ（図㉙）。

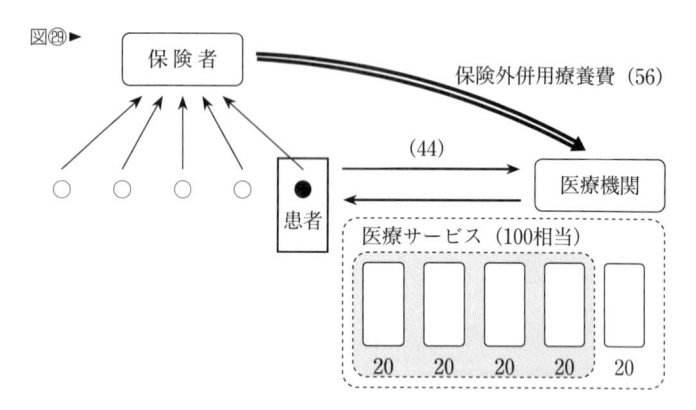

図㉙▶

```
                  保険者
                                    保険外併用療養費（56）
  ○   ○   ○   ○    ●        (44)
                   患者  ──────→  医療機関
                         医療サービス（100相当）
                         ┌──┬──┬──┬──┐
                         │20│20│20│20│ 20
                         └──┴──┴──┴──┘
```

この仕組みは具体的には、ひとつは高度先進医療について、もうひとつはいわゆるアメニティ部分について、採用されている。

前者については、特定の医療機関でだけ実施できるような治験中の先進医療などがリストとして列挙されており（リストは随時見直される〔2015年4月1日時点では108種類〕）、これらは効果と安全性が確認されれば、やがて保険診療に移行することになる。

後者は、従来から認められてきた入院の際の個室などの差額ベッドや歯科材料、初診や時間外診療などである（アメニティというよりは、政策誘導的な項目も含まれてきている）。

いずれにせよ、このような特例が認められる領域は、少しずつ拡大してきている。〔現在検討されている「患者申出療養」も、この線に沿って運用されるものと考えられる。〕

● Coffee break ● 混合診療についての体験的な感想

こういうのは少数の事例から語るのは危険なのだが、筆者はアトピー性皮膚炎で、子どもの頃からずっと苦労してきた。いろいろな民間療法も試して、ひどい目にもあってきた。

だから先般の「ステロイド入り漢方クリーム事件」(2014年)、すなわち有用なのだが、濫用はよくないステロイド剤が多量に入っている薬を、「ステロイドが入っていない薬」と偽って使用して、「名医」との評判を得ていたという話をきいた時は、心が痛んだ。素人の患者側は、薬の中身など分からないのだから、「自己責任」とか「インフォームドコンセント」などといってすませることはできない。

　こういうのは例外的な事件ともいえないように思う。保険外の診療を自在に組み合わせるのを認めるのであれば、この手の危険なものが混じってくることを覚悟する必要がある。

　本人は病気を直したいので、藁をもすがる思いである。そして厄介なことに、それで実際に直る例もあるために、そういう情報が流通して、需要に拍車をかける。だから、そういう治療法や薬が「仕切りなく」利用できるのは、危険だと思う。保険診療でなければ、「魔法の水」でも何でもありである。

　さらに保険診療のうちで、ひとつだけ保険外のものが混じるということであれば、残りの部分については、保険適用を認めてもいいような気がするが、このように「保険適用できる部分には適用する」ということになれば、逆に「ほとんどは保険外で、少しだけ保険適用」という場合だって出てくる。診療行為をバラバラにして、たとえば病院に来て、レントゲンだけ保険で撮ってもらうとか、薬だけ保険でもらうとか、そういうのはどうにもおかしい。「一連の診療」について、まとめて保険を適用するという原則には、意味はあるように思う。

　もっとも公平のために付言すれば、正式に認められた保険診療についても、100%有効で安全とは限らない。有効かつ安全だと思って認可され、保険適用されていた医療行為や薬品が、実は重篤な副作用を伴うことが、あとから明らかになることもある（イレッサ訴訟が有名である）。

2.15 高齢者医療

　高齢者の医療制度をどう設計するかは難問だが、ここではあえてこれまでの経緯を含めてモデル的にみていきたい。

　医療保険の体系のところ (**2.10**) でもみたように、高齢者はしばしば収入がなく、保険料の支払能力にも乏しい一方、高齢者は医療費が多くかかるのが一般的なので、これにどう対処するかが課題となる。

《高齢者の偏在と医療費》

　医療保険の各制度をみると、制度内の高齢者の数が偏っていることを、モデル的には以下のように示すことができる。

　まず健康保険組合では、高齢者はごく少ない（大企業は若い人が多い）ので、保険料収入は安定しており、保険給付（医療費）も比較的少ない（図㉚のア.）。

　次に協会けんぽ（全国健康保険協会）では、高齢者の割合は増えて、保険給付も多くなる（図㉚のイ.）。

　最後に国民健康保険では、高齢者は大変多く（加えて無業の者もいる）、保険料収入が少ない一方、保険給付（医療費）が大変多くかかり、財政的に非常に苦しい（図㉚のウ.）。

《老人保健制度》

　そこでかつての老人保健制度（1982年〜）では、各制度のなかの高齢者（70歳以上）を集めて、老人保健制度にも加入させた。

　このとき各高齢者は、元の制度にも加入したままで、老人保健制度にも二重に加入するという形をとった。同時にそれまで無料だった老人医療について、老人保健制度では１割負担とした（なお実際には各保険者（健康保険組合、自治体等）が独立しているが、図㉛で

図㉛▶

ア.

```
        健康保険組合
         ↑ ↑ ↑ ↑ ↑
         ○ ○ ○ ○ ◎
                  高齢者
```

イ.

```
         協会けんぽ
         ↑ ↑ ↑ ↑ ↑
         ○ ○ ○ ◎ ◎
                高齢者
```

ウ.

```
        国民健康保険
         ↑ ↑ ↑ ↑ ↑
         ○ ○ ◎ ◎ ◎
              高齢者
```

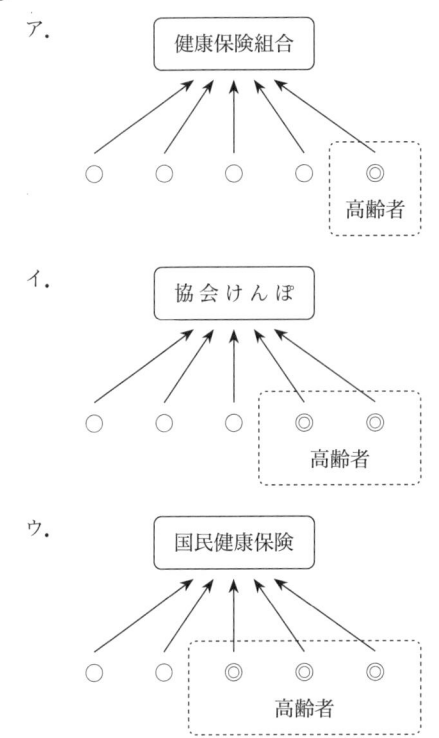

はモデル的に3つのグループでのみ示している。また「協会けんぽ」は、当時は「政府管掌健康保険」である)。

問題は、図㉛のモデルでは6人分(◎印)の老人医療費を、どこからファイナンス(調達)するかである。

そこで老人医療費の半分(5割)は、公費で負担することとして、残り半分は、元の各保険者が金額を出すこととした(図㉜)。これを老人保健拠出金という。すると次の問題は、各保険者から出してもらう支援の額をどう決めるかである。

もともとの高齢者の数からすれば、モデル的にはたとえば健康

2.15 高齢者医療

図㉛▶

健康保険組合

○　○　○　○　◎
　　　　　　　高齢者

協会けんぽ

○　○　◎　◎
　　　　高齢者

国民健康保険

○　○　◎　◎　◎
　　　　　高齢者

老人保健制度

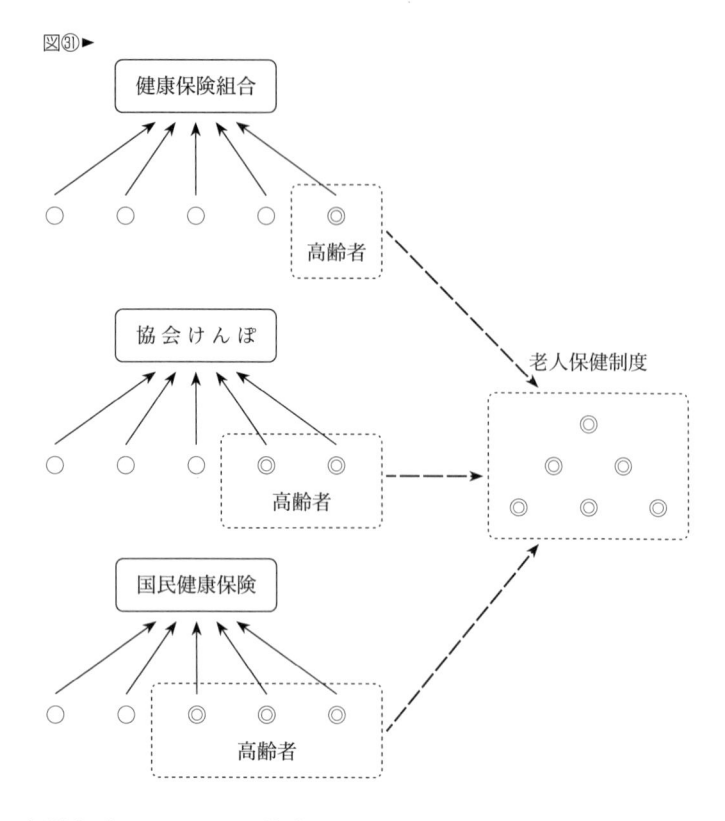

保険組合から1人分、協会けんぽから2人分、国民健康保険から3人分というのが「公平」であろう。しかしそれでは、わざわざ老人保健制度によって財政調整を行う意味がない。元の通り、とくに国民健康保険が一方的に厳しい状況を持ち越してしまうからである。

　そこであえて各保険者グループに、同じように高齢者がいると仮定して、拠出金を計算することとした（これが図㉜では各2人分となっていて、実数で「均一」に分担したように見えてしまうのだが、そうではなく実際には保険者の規模が違うので、老人の加入「率」が一定だと仮定

図㉜▶

```
健康保険組合 ・・・拠出金【2人分】・・・→

○  ○  ○  (+◎) ◎
         【2人いると仮定】

協会けんぽ ・・・拠出金【2人分】・・・→

○  ○  ◎  ◎

国民健康保険 ・・・拠出金【2人分】・・・→

○  ○  ◎  ◎  (−◎)
    【2人しかいないと仮定】
```

公　費
（全体の1/2）

⇒

老人保健制度

◎
◎　◎
◎　　　◎

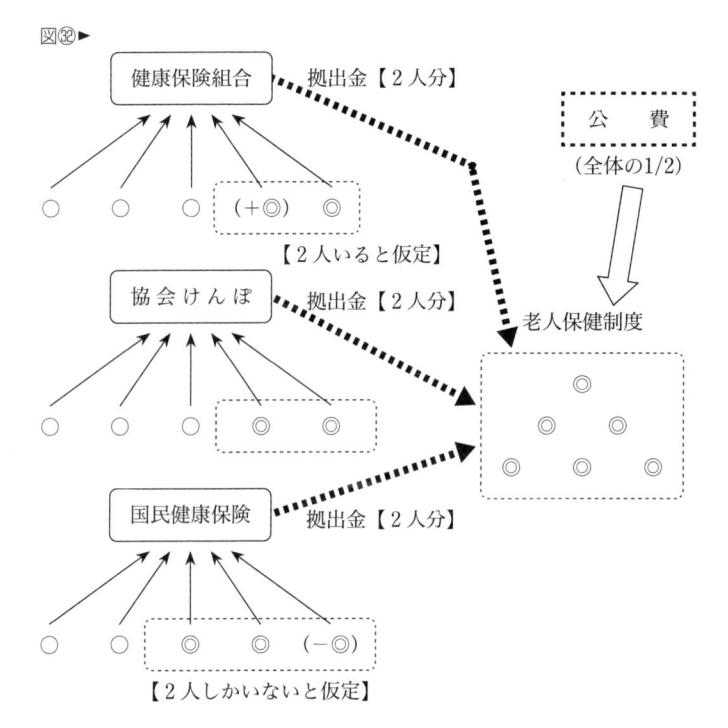

して（高齢者の平均加入率を用いて）計算した結果を負担する。またこのモデルでは、協会けんぽは調整せずにそのままになっているが、実際には健康保険組合と同様に、実際の高齢者数よりも多めに負担している）。

そうすると結果的に、国民健康保険の負担を、健保グループ（健康保険組合や協会けんぽ）が肩代わりするということになる。

とくに健保グループとしては、なぜそんなに負担しなければならないのかという不満があろう。ただ、いま国民健康保険にいる高齢者も、かつては勤め人として健保グループに所属していたという場合も多いはずである。

ちなみに前期高齢者については、今でもこの老人保健制度のような形の調整を行っている。そのこともあって、ここでもスペー

スをとって説明しているわけで、ここで述べた仕組みは、単なる歴史的経緯にはとどまらないのである。

またこの仕組みは、年金のところで扱う基礎年金とも少し似ている(**6.4**参照)。つまり分立した制度の中で、一定部分を括りだすものである。

なお、ここでは医療費のファイナンス（費用）面だけを述べているが、老人保健制度は、健康増進・疾病予防等の施策も大きく位置づけていた。だから老人「保健」制度なのであり、(高齢者は保険料を負担していないことからも)老人「保険」ではなかった。

《後期高齢者医療制度》

しかしこの老人保健拠出金は、徐々に健保グループを圧迫するようになった。健康保険組合によっては、健全な運営をしているのに、この拠出金だけのために赤字になったり、場合によっては解散を余儀なくされたりした。

そこで今度は、75歳以上の高齢者を、元の保険者からは完全に切り離して、独立した制度を構成することとした。これが後期高齢者医療制度である（2008年〜）。「姥捨て山保険」などと批判されたが、今のところこれで都道府県ごとの広域連合により運営されている。

このとき、引き続き全体財源の約半分（5割）は公費を投入する一方、高齢者自身も保険料を負担することとした。保険料は、所得割（所得に応じて）と均等割（一人当たり同額）を組み合わせて、国民健康保険のような形で算定され（**2.5**参照）、年金からの天引きにより徴収され、財源の約1割分にあてる。

残りの費用（保険財政の約4割）は、引き続き他の保険者が負担する〔負担額の決め方については議論があるが、現在（加入者数比例を中心に算定）よりも報酬比例で算定する要素を強める方向で改正が予定されている〕。これを後期高齢者支援金という。ただ、75歳以上の高齢

者が元の保険者から完全に独立してしまった以上、そのように支援する法的な合理性は低くなった（説明が難しくなった）ともいえる。

これらをあわせた後期高齢者医療制度の全体の財政イメージは、図㉝のとおりである。

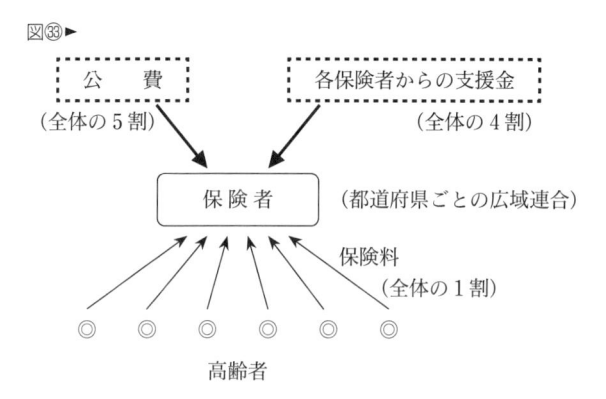

図㉝▶

```
┌─────────┐          ┌──────────────┐
│ 公　　費 │          │各保険者からの支援金│
└─────────┘          └──────────────┘
 （全体の5割）              （全体の4割）
         ↘          ↙
      ┌─────┐
      │ 保険者 │　（都道府県ごとの広域連合）
      └─────┘
        ↑↑↑↑↑↑ 保険料
                （全体の1割）
      ◎ ◎ ◎ ◎ ◎ ◎
         高齢者
```

なお、すでにふれたように前期高齢者については、引き続き、老人保健制度に類似した形で財政調整を行っている（そのこともあって、例外的にスペースをとって歴史的な経緯を説明した）。

また健保グループから退職者が国民健康保険に移る際には、65歳までの間、経過的に所属する退職者医療制度が別途運営されている。

3. 介護保険

3.1 介護保険の基本的な仕組み

　介護保険は、寝たきりや認知症などによる要介護リスクに備える社会保険の仕組みである。日本の5つの社会保険の中でもっとも新しく、2000年4月1日から介護保険法が施行された。

　介護保険の基本的な仕組みを**1.1**で示したもっともシンプルな保険のモデルを使って説明すれば、以下のようになるだろう。

　すなわち要介護リスクに備えて、5人の被保険者があらかじめ保険料を払っておく（図①）。

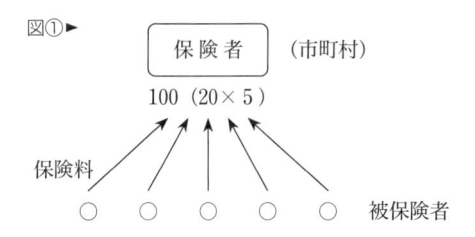

図①▶

```
        保険者    （市町村）
       100 (20×5)
       ↗ ↗ ↑ ↖ ↖
保険料 ╱ ╱  │  ╲ ╲
      ○  ○  ○  ○  ○   被保険者
```

　そこで、この被保険者のうちの1人（●印）が認知症や寝たきりにより「要介護状態」（介護を要する状態）となると、保険給付として、介護サービス（在宅でのホームヘルプサービスや、特別養護老人ホームへの入所などの施設サービスなど）が提供される（図②）。

　以上は、医療保険の最初の説明（**2.1**参照）と同じ流れである。そこで、やはり医療保険と同様に、集めたおカネが実際の（「現物」の）介護サービスに、どのように転換されるのかという問題は残る。

　実は医療保険とは違って、介護保険の給付は、法律的には「費用の支給」となっている（介護保険法41条）。つまり要介護状態に

図②▶

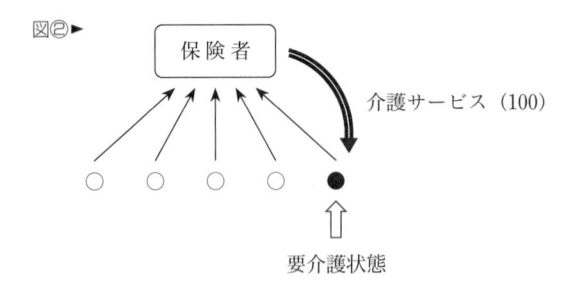

```
       保険者
      ↗ ↑ ↑ ↖ ↘
                    介護サービス (100)
     ○ ○ ○ ○ ●
               ⇧
            要介護状態
```

際して、保険から金銭が払われる、というのが基本の形とされている。実際には多くの場合、介護サービスという「現物」の給付が行われるのだが、この点は **3.4** でみるように、医療と介護の本質的な違いにかかわるともいえる。

3.2　介護保険が対象とする要介護リスクとは

　介護保険が対象とする要介護リスクとは、寝たきりや認知症などにより介護を要する状態となるリスクであるが、その内実や位置づけは、実は厄介である。だからこそ要介護リスクが社会保険の対象となるのも遅れたし、国によって対応も異なっているといえる。

　このことを、主に医療との違いという角度からみてみたい。

㋐　介護サービスの利用に着目している

　「要介護状態」という表現は、医療保険でいう「傷病」(病気やケガ) とはずいぶん異なる。無理にあわせれば、医療保険の方が「要治療状態」ということになるのかもしれないが、逆に要介護状態をもたらすのは、病気であったり、障害であったり、加齢自体であったり、さまざまである。

　そして「介護」とは何かも、家族によるものも含めてさまざま

であり、法律上の定義もなく、あいまいな面がある。

それらのなかで介護保険は、要介護状態そのものに対してというよりは、一定の介護サービスの利用に着目して、保険給付を行っているものだといえる。医療保険にしても、病気になったこと自体ではなく、医療サービスの利用に着目して保険給付が行われていることをすでにみてきた（2.2）が、それがますます際立っているともいえる。見方によっては賠償責任保険的な構成（1.4参照）であり、「まず」介護サービスの利用があるのである。

(イ) 要介護リスクは年齢（加齢）により大きくなる

医療保険では傷病という「誰でも、いつでも可能性のあるリスク」を相手にしている。しかし要介護リスクはそうではなく、主として高齢期になってから、認知症や寝たきりになった場合が対象である。

その意味では年金のように、老齢という「先のこと」に備えるという面が大きいともいえる。ただ公的年金でも障害年金があるように（若年でも障害者になることがある）、介護保険でも初老期認知症等も対象としている。

より一般的に、たとえば交通事故により若年でも寝たきりになって要介護状態になることがあるが、そこは法律で「加齢により」という制限をつけている（介護保険法１条）。つまり介護保険が対象とするのは、あくまで加齢に伴う要介護リスクであり、それは高齢期では「とても多い」が、中年期でも「少しある」ということになる。

いいかえれば、そういう年齢とともに逓増するリスクに備える長期保険という側面があるということでもあろう（1.5参照）。

(ウ) 介護サービスには、要介護者を「支える」要素がある

介護サービスは「医療に似た面」と、「福祉サービスという面」

3.2 介護保険が対象とする要介護リスクとは　71

の両方を有している。

　介護、医療、福祉サービスはそれぞれ多種多様であるが、各社会保険を理解する手がかりとして、あえてモデル的に整理すると以下の通りである。

　医療行為というのは、典型的には（つまり急性疾患への治療や手術を念頭に置けば）、「直す」、「元の状態に戻す」というイメージのものである（図③）。

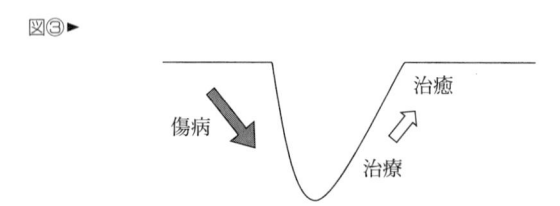

図③▶

傷病　治療　治癒

　しかし、そのようにしても完全に元の状態にまで戻るとは限らない。たとえば脳梗塞の場合、マヒのような障害が残る場合もある。すると、その状態で日常生活を送れるように「支える」必要がある（図④）。

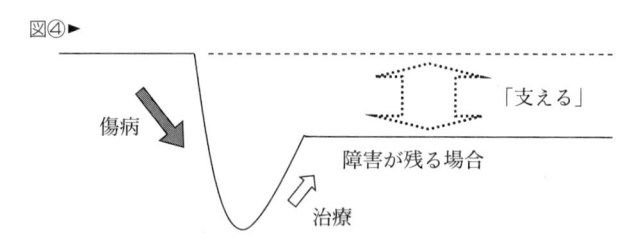

図④▶

傷病　治療　障害が残る場合　「支える」

　またアルツハイマー型の認知症のように、いきなりではなく、だんだん生活に支障が出て来る場合が多い（図⑤）。

　そのようなときに、支障が大きくなるスピードを緩めるのも重要だが、あわせて支障が出ている部分について「支える」のも大切な仕事であり、これらが介護サービスの大きな役割である。こ

図⑤▶

(加齢とともに
なだらかに)

要介護状態

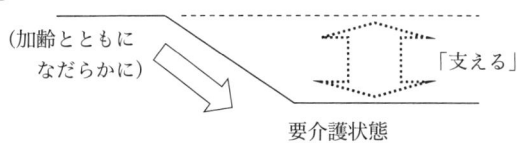

「支える」

のような「支える」仕事は、障害者への福祉サービスなどとも共通するものがある。

たとえば目が悪くなると、「メガネ」が頼りになる。このとき「メガネ」は視力を直接的に回復させるものではないが、生活を支えてくれる。あるいは足を失った場合、義足は足を「直す」ものではないが、それにより生活が支えられる。

介護サービスも、たとえば家事を援助したり、身体の動作を介助したりすることを通じて、生活を支えるものだといえる。それは高齢者の尊厳を確保するということでもあろう。

逆に介護サービスについても、医療と似た面はある。たとえば脳梗塞や転倒などによって、寝たきりなどの要介護状態となったときに、そうなる前と同じような日常生活を送れるように、リハビリ等により回復を図るというのは重要な介護サービスの役割である（図③の医療に近いものといえる）。実際に適切に介護サービスを利用することにより、要介護度が軽減するケースは少なくない。それは「自立支援」ということでもあろう。

要介護リスクはこのように多様であり、それにあわせて介護サービスもさまざまであるため、制度的に扱うには難しいものだといえる。

(エ) 家族による介護負担の軽減も本来の制度趣旨である

介護保険を創設する際には、もともとの趣旨として、家族の介護負担の軽減ということがあった。しかしそれは現行の法律では

見えづらくなっている。あくまで被保険者が、自分が要介護状態になった場合に備えて保険料を払っておいて、実際に要介護状態になった場合に給付がされる、という保険構成になっているからである（介護保険法2条）。だから保険の当事者関係に、家族は直接的には入ってこない（要介護者に家族がいるとも限らない）。

しかし、実際には家族自身が行う介護との関係（介護保険で代替する部分、しきれない部分）が大きな位置づけを占めている。医療保険においても、家族の存在が見え隠れしていたが（**2.8**を参照）、介護では医療に比べてはるかに家族が介在する余地が大きく、それらに介護保険制度はいわば間接的に対応しているといえる。そのことを意識しておくことは、制度の理解に役立つだろう。

つまり家族として、介護しなければならないというリスク、すなわち要介護リスクではなく、介護する側になるリスクに対応しているのであり、このような介護負担を共同化することを「介護の社会化」という。もちろん家族に要介護者を介護する義務がアプリオリに（ないしは法的に）あると想定するのは適切ではないが、実態としては家族がしばしば重い介護負担を負っている。

その意味では、**1.4**でみた賠償責任保険のモデルになぞらえていえば、「まず」あるのは、家族の介護負担である。これを一挙に外部サービスで代替するため、介護保険という社会保険を構築して、同時に介護サービス市場を創設しようとしたものだといえる（図⑥）。

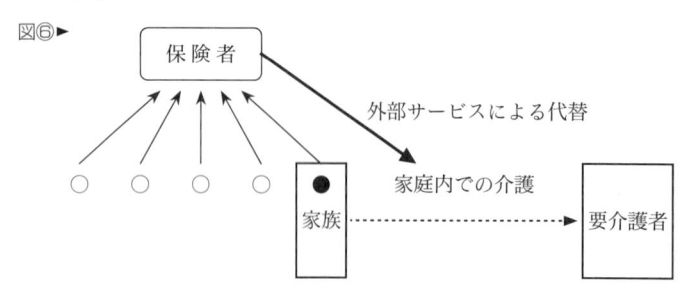

図⑥▶

(((クローズアップ))) 措置と介護保険

　この介護問題については、かつては老人福祉、老人医療という領域で対応されていた。

　そこでは家族で面倒が見られない人たちへの福祉的な対応として、施設に入居してもらうことが中心になっていた。図⑦のイメージであり、「措置」と呼ばれる。いわゆる社会福祉の領域であり、税財源で対応されていた（**1.6**および**7.4**参照）。

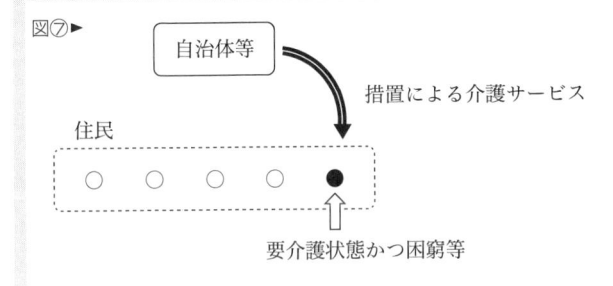

図⑦▶

```
           ┌──────┐
           │ 自治体等 │
           └──────┘
                  ╲
                   ╲  措置による介護サービス
  住民              ╲
  ┌─────────────────▼─┐
  │ ○   ○   ○   ○   ● │
  └───────────────────┘
                      ⬆
                 要介護状態かつ困窮等
```

　あるいは、実際には治療で「直る」というわけではないのだが、「入院させておく」という形で扱われてきた。これは「社会的入院」といわれ、医療機関を介護施設としていわば代用するものである。

　しかしこれは要介護リスクという、人間なら誰でも抱えているリスクだということが認識されて、日本では2000年に介護保険が5番目の社会保険として制度化されたのである。

● **Coffee break** ● 認知症になる確率は大きいか小さいか

　厚生労働省の推計によると、2025年には65才以上の約5人に1人が認知症になる。

　もっともこの数値は微妙で、逆に5人に4人は認知症にならないとしたら、8割の確率では免れることになり、大したことはないともいえる。しかし実はそうでもない。

　ひとつには、この数値は静態的な確率で、いわば瞬間風速であ

る。たとえば仮に全員が死ぬ前の数年間は認知症になるとか、あるいは仮に一定年齢（たとえば85歳）以上では必ず認知症になるとか、もしそういうことだったとしても（逆にそれまではならないとすれば）、65才以上人口全体に対する比率としてはこの程度になる。

たとえば死ぬまでの間に、一度も風邪を引かない人はいないが、瞬間風速で「いま」風邪を引いている人数の割合は少ないのと同じである。いいかえれば死ぬまでの間、とくに長生きした場合には、どこかの段階で認知症になる確率はずっと高い。

また静態的な数値としてみた場合でも、これは自分自身が認知症になる確率であるにすぎない。すでにみてきたように、家族が認知症になれば、介護する側にまわる。自分自身は認知症を免れる確率が4/5だとしても、たとえば自分と配偶者の二人がともに認知症を免れる確率は、4/5×4/5＝16/25で、約64％と一挙に低くなる。

さらにそのときに親が生きていれば、それらがまた認知症になっている確率が加わる。たとえば65歳になった段階で、自分と配偶者にそれぞれ親が1人ずつ生きていたとすれば、それらを含めて全員が認知症を免れる確率は、4/5の4乗で、約4割にすぎない。

しかもこれは認知症だけの数値であり、それ以外の要因で要介護になるケースもたくさんある。これらからすれば、介護保険と関係なく一生を過ごせる確率は、むしろかなり低そうである。

3.3 保険者、被保険者と保険料

以下ではとりあえず図①、図②に沿って、当事者や保険料についてみていきたい。

介護保険では、市町村が保険者となって運営を行っている。これは介護保険の運営は、実際の介護サービス提供と不可分である

こともあり、住民に身近な行政単位で運営するという趣旨でもある。ただし単独の市町村で運営が難しい場合などには、共同での運営も可能である。

介護保険の被保険者は2種類に分かれている。ひとつは65歳以上の高齢者（第1号被保険者）、もうひとつは「40～64歳の医療保険加入者」というやや複雑な表現になる（第2号被保険者）。

《第1号被保険者とその保険料》

前者の65歳以上の高齢者（第1号被保険者）については、イメージは簡明であろう。いわば短期保険として、**1.1**で示したもっともシンプルな保険のモデルに当てはまる。

すなわち5人に1人が、要介護状態になることを想定して、あらかじめ保険料を払っておいて、実際に要介護状態になった1人に給付がされるという形である（図㊂）。

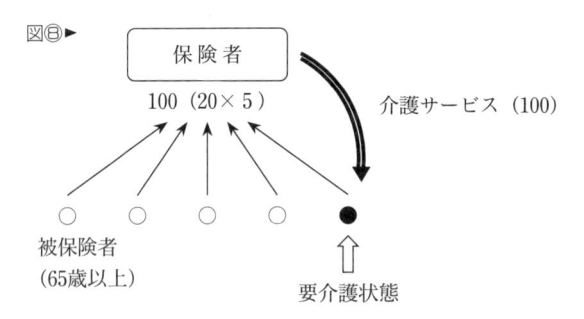

図㊂▶

```
         保険者
        100（20×5）           介護サービス（100）

    ○   ○   ○   ○   ●
被保険者              ↑
（65歳以上）       要介護状態
```

このとき保険料の額は、所得段階に応じて定められる。〔全国平均で月額約5,000円だが、上昇が予想されている。〕

ただし高齢者から保険料を集める際には、実際には老齢年金から天引きされている（老齢年金が一定額以上の場合）。つまりその分の年金が減るのである。高齢者医療でも用いられているこの方法（**2.15**参照）は、介護保険で始まった。この方法への批判はあるが、見方によっては被用者保険において、保険料を賃金から天引きす

るようなものだともいえる。

《第2号被保険者とその保険料》

　これに対して後者（第2号被保険者）の「40〜64歳の医療保険加入者」というのは、位置づけが少しややこしい。

　まずこのうち「医療保険加入者」というのは、保険料の徴収が、医療保険に上乗せして行われているためであり、医療保険に加入していない場合（生活保護加入者等）は、介護保険でも被保険者にならない。

　問題は、なぜ「40歳以上」なのかという点だが、ひとつには40歳にもなれば、被保険者本人に少しずつ加齢に伴う要介護リスクが出てくるので、それに備えてということがある。つまり上記の65歳以上の図式である。

　すでにふれたように、40〜64歳では特定疾病の場合（初老期）、つまり加齢に伴う要介護状態のみで給付される。

　しかし実際には多くの保険料は、主として65歳以上の要介護者のために用いられている。つまり次にみるように、ずっと加入していることを前提とした設計（すなわち**1.5**で示した長期保険）として理解することができる。

　第2号被保険者の保険料の額は、報酬（給料）比例で決められ、医療保険の保険料に上乗せされて集められる。保険料率は健康保険や年金の保険料よりはだいぶ小さい水準である。〔協会けんぽの例では1.58％（2015年）。〕

《モデルによる説明》

　介護保険を長期保険のモデル（**1.5**参照）に当てはめてみると、以下のようになる（以下はあくまでひとつの理解の仕方として、長期保険のモデルに当てはめてみるということである（**1.6**参照）。なおこれについては、むしろ40歳以上になれば、自分の親が要介護になることも多くなるか

ら、とも説明されるが、ここで述べるのはあくまでモデルに当てはめてみたときの理解である)。

すなわち中年期には「少し」要介護リスクがある。高齢期には「大いに」要介護リスクがある。そこで、それぞれ各期の保険料で各期の保険給付を準備しようとすれば、図⑨のようになる。

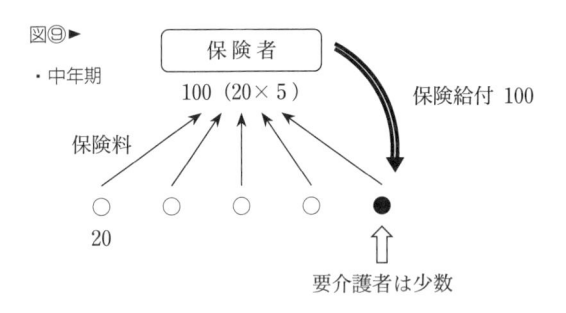

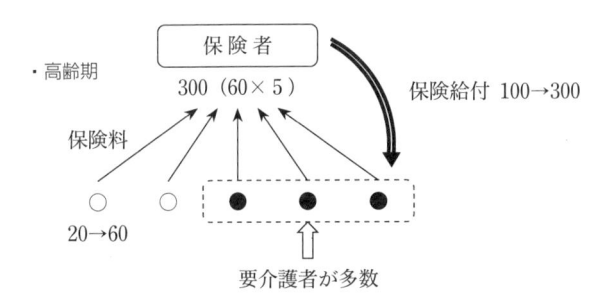

図⑨▶
・中年期

```
        保険者
      100（20×5）           保険給付 100
保険料  ↑ ↑ ↑ ↑
       ○ ○ ○ ○ ●
       20              ↑
                    要介護者は少数
```

・高齢期

```
        保険者
      300（60×5）           保険給付 100→300
保険料  ↑ ↑ ↑ ↑ ↑
       ○ ○ ●　●　●
      20→60      ↑
              要介護者が多数
```

このように高齢期の要介護リスクについて、高齢期になってから集める保険料だけをもとに保険給付を行おうとすれば、とても保険料が高くなってしまう。

そこで、図⑩のように設計することが考えられる。すなわち各期を通じて平均的な保険料（40）を集めることとして、中年期には、保険料の一定部分（100）を中年期の要介護リスクに当てつつ、保険料の他の部分（100）は高齢期の要介護リスクに当てるという仕組みにする（次頁図⑩の┅▶印）。中年期が第2号被保険者（40〜

3.3 保険者、被保険者と保険料　79

図⑩▶

・中年期（第2号被保険者）

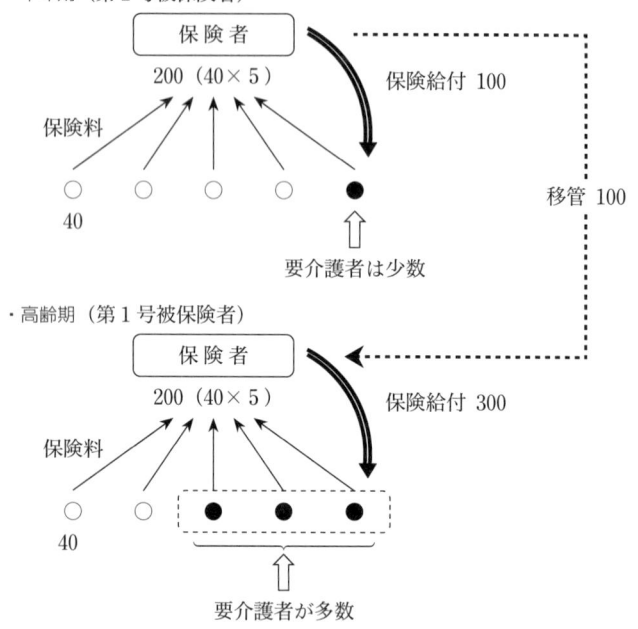

```
        保 険 者
      200（40×5）         保険給付 100
保険料
  ○   ○   ○   ○   ●                      移管 100
  40
              要介護者は少数
```

・高齢期（第1号被保険者）

```
        保 険 者
      200（40×5）         保険給付 300
保険料
  ○   ○   ●   ●   ●
  40
          要介護者が多数
```

64歳）、高齢期が第1号被保険者（65歳以降）のイメージである。

　このような仕組みによって、高齢期になってから保険料が急激に上昇するのを避けることができる。つまり中年期から高齢期まで、ずっと一定の（ここでは40の）保険料を払っていれば、各期の要介護リスクに対応できる（これは別に個人ごとに積み立てているわけではない）。

　実際には、この第1号被保険者と第2号被保険者の比率は約2：3となっている（上記のモデルでは、中年期と高齢期がちょうど総額でも同水準の保険料を払うことになっているが、実際には人口比で財源構成が決まる）。

　加えて医療保険と同様に、公費（国、自治体）による負担があり、

80　3．介護保険

介護保険では全体として半分が公費負担となっている（**1.3**参照）。これらをあわせると、全体財源のイメージは、図⑪のようになる（財源を100とした場合のモデル。実際には別途、利用者負担がある）。

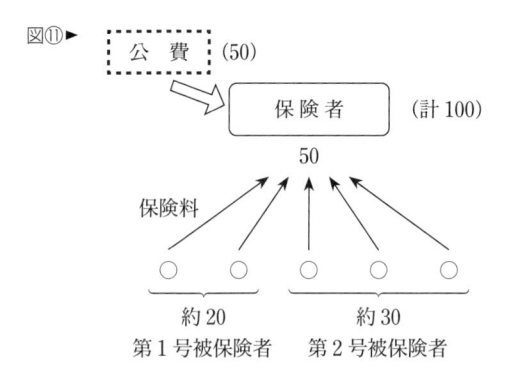

図⑪▶

```
    ┌─────┐
    ┊公　費┊ (50)
    └─────┘
       ↘
         ┌─────────┐
         │ 保険者  │　（計100）
         └─────────┘
              50
           ↗ ↑ ↖
保険料  ↗  ↑  ↖
     ○  ○   ○  ○  ○
     約20      約30
   第1号被保険者  第2号被保険者
```

3.4　要介護認定

　介護保険での大きな特徴は、要介護認定というものが先行することである。

　このことは、医療保険と比べるとよく分かる。医療でもまず診断がされるが、そこですぐ治療が開始される。治療の前に病気の重さ（いわば「要治療度」のようなもの）を判定する手続きがあって、利用可能な予算枠が示されて、それからようやく治療計画を立てるなどというプロセスを、患者が悠長に待っていられないことも多いだろう。

　しかし介護保険では、そういうプロセスを踏む。すなわちまず介護が必要な度合（要介護度）が測られて、それと保険でどのくらい介護サービスを利用できるか（いわば予算枠）が、直接結びついているのである。

《具体的なプロセス》

　具体的には申請により、介護認定審査会（医師をはじめとする保健医療福祉の専門家により構成される第三者機関）で、要介護度（1〜5）が判定される。数値が大きい方が、要介護度が大きい。ここでは介護する同居家族の有無などとは関係なく、あくまで本人の状態をもとに判定され、基本的には介護に要する手間の時間を基準として決められる。

　この要介護度による予算枠の大きさの決め方は、介護保険が開始した当時は比較的シンプルだったのだが、徐々に複雑になっている。ごく大雑把なイメージとしては、たとえば「要介護度2」（日常的に部分的な介護を要する）の人には、月額で在宅サービスであれば約20万円の枠が与えられる。同様に「要介護度4」（介護なしには日常生活を営むことが困難）の人には、月額で約30万円の枠が与えられる（2015年現在）。

　そのような予算枠のなかで、サービスを組み合わせて、パッケージを作る。これをケアプランという（図⑫）。

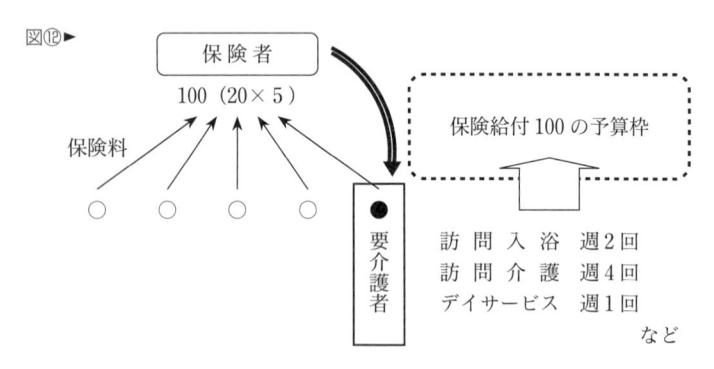

図⑫▶

```
         保険者
      100 (20×5)
        ↑ ↑ ↑ ↑                    保険給付100の予算枠
保険料
      ○  ○  ○  ○                      ⇧
                      ●  訪 問 入 浴  週2回
                      要  訪 問 介 護  週4回
                      介  デイサービス  週1回
                      護
                      者              など
```

　ただしそうすると、予算枠の範囲内で、必要がなくてもサービスを目一杯「詰め込む」という懸念もあるが、**3.6**でみるように、利用したサービスに応じて利用者負担を支払う必要があるので、過剰なサービス利用には一定の歯止めがかかるようになっている。

逆に予算枠を超えてサービスを利用したい場合は、「保険外」として自己負担で利用することができる（医療保険のように、ひとつでも保険外の内容が混じるとまったく保険が適用されなくなるということはない。**2.14**参照）。

> ### (((クローズアップ))) 要介護認定とモラルハザード
>
> このように、要介護度が高く判定された方が、多くのサービスを使えることになる。そのためある老人ホームでは、入所者に「何もできないふり」をさせるという事態まで発生した。これはいわゆるモラルハザード（本当に必要な水準より多くの需要が生じてしまう現象。moral hazard）といえる。
>
> もっとも実際にはむしろ逆のことが多く起こる。すなわち普段はほとんど活動していない高齢者が、判定のために初対面の調査員が来たときは、はりきって、いろいろ活動力があることを見せてしまい、自立と判定されてしまったりするのである。
>
> このようなことは、医療に関しては起こりづらい。もちろん医者の前では症状を大げさにいって、丁寧に診てもらおうとすることなどはあるかもしれないが、必要もないのに胃カメラを飲んだり、余計な手術をしてもらおうとしたりする人はいない。
>
> これはやはり医療と介護サービスとの違いであり、多くの介護サービスでは、たとえばホームヘルプの時間にせよ、訪問入浴の回数にせよ、「多い方がいい」という性格をもっているからである。
>
> ただ、介護する側からすれば、努力して要介護者を自立に近づけると、要介護度が小さくなって、利用できるサービスが減ってしまうというジレンマがある。そのため、介護サービスの提供によって要介護度が改善した場合の、いわば成功報酬を介護報酬に組み込むべきだと主張されることがある。
>
> 傾聴すべき点はあるのだが、その判定の難しさや、医療との比較（病気を直すのが当然の仕事であり、成功報酬など考えられない）などからすると、その種のインセンティブ要素を介護報酬に組み込むのは簡単ではなさそうである。

《介護全体と介護保険》

　このように介護保険ではいわば予算枠だけを付与して、具体的なサービスの内容は、一定のメニューの中から各人が決めるということになる。

　やや別の言い方をすると、実際には要介護者に対しては、家族によるものを含めていろいろな介護が行われている。そのうち、外部のサービスを利用した中での一定の部分だけが、保険でカバーされて、その分について「あとから」金銭が支給されるという形になる。すなわち償還払いであり（**2.2**、**2.4**参照）、すでにみたように法的にも「費用の支給」になっている。

　それは単なる金銭給付とは違う。つまり要介護状態になったこと自体に対して支払われるのではない（そのことから、家族介護に対しては給付が行われないものとも理解できる）。

　つまり、「まず」介護サービスが外部から提供されて、それが一定部分まで、保険でカバーされるのである。ただこれが次にみる代理受領の仕組みにより現物化されているので、見た目は医療保険と同じになり、1割ないし2割の利用者負担だけを払えばよいようになっているわけである。

　なお図⑬では、介護保険でカバーされるのは「ごくごく一部」という印象になってしまうが、たとえば一人暮らしで（つまり家族による介護はなくて）、介護保険の対象となる外部サービスだけを利用していれば、利用限度内であれば介護保険だけで話はすむ。いずれにせよ全体の中での一部が保険でカバーされ、費用が償還されるという構造である。

　医療サービス（傷病の治療）であれば、「オプティマム=必要十分」というのが観念できるし、家族自身が治療自体を行う余地はないが、介護では「オプティマム=必要十分」、いいかえれば「これで全部」というのは観念しづらく、また要介護者に提供されるサービスのなかには、家族による介護を含めて保険外のもの

図⑬▶

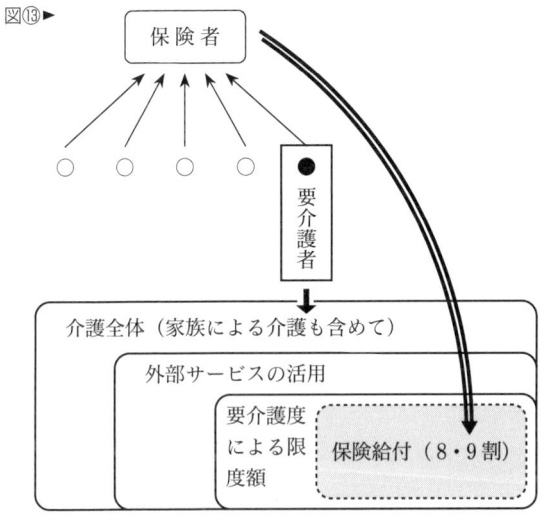

```
         保険者
       ↑↑↑↑  ↖
       ○ ○ ○ ○  ●要介護者
                  │
  ┌───────────────┼──────────────┐
  │ 介護全体（家族による介護も含めて）│
  │ ┌─────────────┼────────────┐ │
  │ │ 外部サービスの活用          │ │
  │ │ ┌────────┬──────────────┐│ │
  │ │ │要介護度 │              ││ │
  │ │ │による限│保険給付（8・9割）││ │
  │ │ │度額    │              ││ │
  │ │ └────────┴──────────────┘│ │
  │ └──────────────────────────┘ │
  └────────────────────────────────┘
         ↑ 1・2割は利用者負担
```

が混じることもあるため（家族は一切手を出すなというわけにもいかない）、このような形になるものと理解できる。

3.5　介護保険の保険給付

《費用の支給と代理受領》

以上をもう一度、医療保険のときの流れ（2.4）に沿って、ひとつのサービス利用（たとえばホームヘルプサービス）に即してみていくと、以下のようになる。

まず要介護者と介護サービスの提供者の間で介護サービス契約が締結されて、介護（ホームヘルプ）サービスの提供と、代金の支払いが約定される（図⑭。これは医療での診療契約にあたる（2.4参照）。もっとも時間的には、すでにみたように要介護認定が先行する）。

そこで要介護者が介護事業者に支払う代金を、あらかじめ保険

図⑭▶

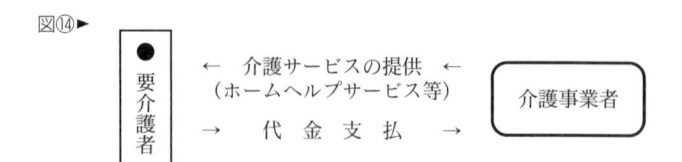

```
              ← 介護サービスの提供 ←
  要介護者     （ホームヘルプサービス等）        介護事業者
              →    代金支払    →
```

で準備しておくことが考えられる。**1.1**のもっともシンプルな保険モデルである。

　それらのふたつの当事者関係を重ね合わせると、図⑮のようになる。介護事業者に支払った代金の領収証をもとに、あとから（保険者に）保険給付を請求するという手順で考えれば、これは要介護者への償還払いだといえる。

図⑮▶

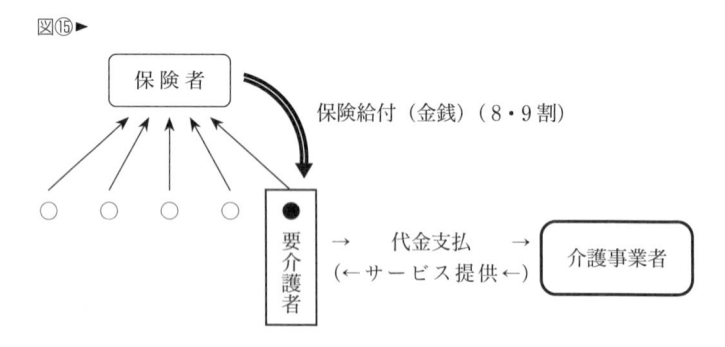

```
      保険者
                     保険給付（金銭）（8・9割）
   ○ ○ ○ ○    要介護者   →   代金支払   →   介護事業者
                        （←サービス提供←）
```

　しかしそうであれば、これをワンタッチで済ませてしまうことが考えられる。保険給付を、最初から介護事業者に支払えばいいのである。これが介護報酬であり（**3.8**参照）、実際の介護保険も、基本的にこの形になっている（図⑯）。

　それでも法律的にはあくまで要介護者（被保険者）本人に介護費用が支払われる形になっており、それを介護事業者が「代理受領」するという構成になっている（介護保険法41条6項・7項）。これはすでにみたように、原則は介護費用の一部が本人に償還されるものであることが反映している。それは医療との違いが反映し

図⑯▶

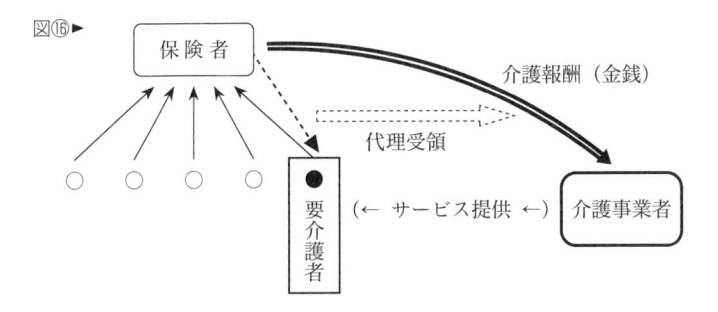

　　　保険者

　　　　　　　　　　　　　介護報酬（金銭）

　　　　　代理受領

○　○　○　○　　●要介護者　（← サービス提供 ←）　介護事業者

ているということでもある。

　またこの償還払いは、「法律上の原則」であるのにとどまらず、実際にいろいろ行われている。たとえば要介護認定より前の緊急でのサービス利用や、ケアプランを作成していない場合、福祉用具購入や住宅改修の場合等々である。

　ただしすでにみたように、利用限度内で要した費用の全部ではなく、その9割ないし8割が支給され、残りは利用者負担（**3.6**）になる。これを含めてモデルにすると、図⑰のようになる。

図⑰▶

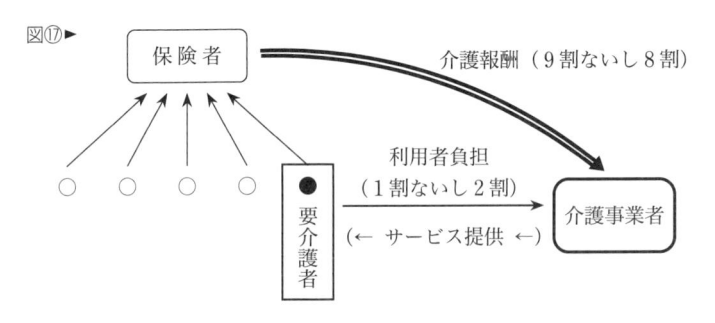

　　　保険者

　　　　　　　　　　　　　介護報酬（9割ないし8割）

　　　　　　　　利用者負担
　　　　　　　（1割ないし2割）

○　○　○　○　　●要介護者　（← サービス提供 ←）　介護事業者

● **Coffee break** ● サラリーマンの出張と償還払い（代理受領）

　介護保険の給付が法律的には償還払いとなっていることを、サラリーマンの出張になぞらえれば、以下のような話になる。

　サラリーマンが出張して、ホテルに宿泊する場合、まずはその

3.5 介護保険の保険給付

宿泊代金を自分で立て替えて、あとで会社に戻ってから書類を書いて精算する。つまり立て替えた宿泊代金が、あとで会社から戻ってくる。これはいわば償還払いである。

しかし立て替えるのも面倒ではある。とくに大きな額であれば、手許にある分では足りないかもしれない。しかしこれがその会社御用達の提携ホテルであれば、いちいち立て替えなくても、出張した場合は、会社から直接宿泊代がホテルに払われるようにすることも可能かもしれない（こういうのは出張ではあまりないかもしれないが、会社の保養所とか、会社と提携している病院の人間ドックなどでは実際にある）。これはいわば代理受領であり、実質的には現物給付になる。つまり出張費用を現物（実際の宿泊）で受け取った形になる。

ちなみに出張がおわったあとで、観光でホテルに延泊した分を、あとから会社に請求することはできない（いわば保険外のサービス利用である）。また自宅に寝泊りしている場合も、請求するのは普通は無理である（いわば家族介護である）。

3.6 利用者負担（一部負担）

原則9割ないし8割が給付（償還）されるということは、残りは利用者が負担することを意味している。つまり介護保険では原則1割（高所得者は2割）が利用者負担である。これは医療保険における患者の窓口負担（**2.6**）に対応している。

なお、ケアプランを策定するケアマネジメントについては、一部負担は要せず、全額が保険給付される。

また医療保険と同様に、負担が大きくなると、高額介護サービス費として、償還される（**2.7**参照）。〔一般的な世帯の負担上限は月額37,200円となっている。〕。医療費の自己負担と合算したときの負担上限も別途設けられている。

《介護保険での利用者負担の要否》

 介護保険でなぜ利用者負担が必要なのかについては、医療保険と同様に議論があるが、医療保険とは少し内容が違う。

 というのは、もともと要介護度による予算枠があるのだから、そのうえで利用者負担を設けなくても、「使い過ぎる」という危険はそれほど大きくない（あったとしても、限度額枠の範囲内であれば、それほど大きなことにはならない）からである。

 しかし逆に、医療と違って介護サービスでは、必要性という観点からは、「多ければ多い方がいい」という性格が強い。たとえばホームヘルプサービスの時間は長い方がいいし、訪問入浴の回数は多い方がいい。これに対して医療においては、内容にもよるが、たとえば「もう一回、同じ手術をしてみてほしい」などと患者側が望むことはない。これらからすると、介護サービスについては、利用限度額の範囲内とはいえ、歯止めをかけておく必要はより強いといえる。

(((クローズアップ))) 介護保険と生活保護の関係

 40〜64歳で、生活保護を受けていると、医療保険の被保険者とならない（2.10参照）。すでにふれたようにその仕組みと連動している介護保険でも被保険者とならない。そこで介護サービスを利用する必要が生じた場合は、生活保護（介護扶助）により、介護サービスを利用することになる。

 他方、65歳以上で、生活保護を受けている場合は、介護保険には加入し、その保険料が別途生活保護から支給される（生活扶助として）。そして実際に介護保険により介護サービスを利用する場合には、そこでの利用者負担について、別途、生活保護から支給される（介護扶助として）。

 これは二度手間ともいえるが、はじめから生活保護の受給者を制度から排除しない工夫でもある。もっともこのように65歳以上と65歳未満とで仕組みが異なるのは、分かりづらい面もある。

3.7 サービスの種類

　介護保険で利用できるサービスの種類としては、在宅介護で利用するサービス、施設の利用、その他のサービスに大別できる。さまざまなサービスがあるが、見方によっては、世の中にあるすべての介護形態・ケア形態の中で、これらの列挙に当てはまる場合にだけ、介護保険の対象になるということもできる。

> 　在宅（居宅）サービス
> 　　　……ホームヘルプ、デイサービス、ショートステイ等
> 　施設サービス
> 　　　……特別養護老人ホーム、老人保健施設等
> 　その他のサービス
> 　　　……地域密着型サービス、介護予防サービス
> 　　　（別途、条例により自治体独自のサービス）

《在宅サービス》

　このなかでは介護保険制度が始まった段階では、とくに在宅サービス（法律では「居宅サービス」といわれる）が重視された。これは要介護状態になったら、施設や病院に「放り込んでしまう」のではなくて、なるべく最後まで住み慣れた自宅で過ごしてもらう、その支援を行うという考え方である。もっともそうすると、介護にあたる家族は大変なのだが、すでにみたように、もともとはそういう支援のない中で苦労していた家族による介護を社会全体で支える（介護の社会化）というのが介護保険創設の趣旨でもあった。

　在宅サービスのなかでも、ホームヘルプ（訪問介護。家事援助や身体介助）、デイサービス（日中の預かり）、ショートステイ（短期入所）が「三本柱」といわれる。このうちデイサービスとショート

ステイは、施設を使っての介護サービスであるが、在宅での介護を一時的に支援するという意味合いから、在宅サービスと位置づけられている。

ほかに在宅サービスとしては、訪問看護や訪問リハビリテーション、福祉用具の貸与（車椅子や介護ベッドなど）、その他がある。

そしてそれらサービスの供給を確保し、また多様なものとするために、自治体や社会福祉法人に加えて、民間営利事業者や、NPO法人などもサービスを提供できるようになっている。

《施設サービス》

施設サービスとしては、いわゆる特養（特別養護老人ホーム）への入所が代表的である。ほかに在宅との中間的な施設である老人保健施設、療養病床等がある。

とくに特養については入居希望者も多く、「順番待ち」の状態である。〔最近では新規の特養への入居は原則として要介護度3以上に限定する法改正が行われた（2015年から）。〕

なお、いわゆる有料老人ホーム（一時金で購入するもの）でも、介護保険は利用できるが、その場合は、有料老人ホームはそれを購入した人のいわば「自宅」なので、在宅サービスの利用という位置づけになる（特定施設入居者生活介護という種類になる）。

(((クローズアップ))) 介護提供主体と規制緩和

居宅サービスについては、民間営利企業も参入しており、事業所や広告などもよく見かけるようになったが、特養などの施設については、今のところ参入が許されていない。規制緩和のテーマとして議論されることもあるが、民間営利企業による経営が認められていない大きな理由のひとつは、介護施設の場合、経営の安定が強く求められるためである。

つまりホームヘルプサービスなどであれば、ひとつの会社が仮

に倒産してしまっても、別のところからホームヘルパーに来てもらえばいいのだが、老人ホームのような施設の場合、倒産してしまうと入居者は行き場を失い、深刻な事態になる。もっとも有料老人ホームでは、そういうことが現実に起きている。

《その他のサービス》

また近年では、「その他」に分類されるような、多種多様な内容があらわれている。かつては要介護にはなっていない要支援者への予防給付が注目されたが、最近ではとくに地域密着型のサービス（グループホーム、巡回型訪問介護等）に力が入れられてきた。またより広く、地域において保健医療介護等の連携を図る「地域包括ケアシステム」の構築が目指されている。

●**Coffee break**● マークⅡと特別養護老人ホーム

「マークⅡ」というクルマがあるが、これはもともと「コロナ・マークⅡ」つまり「コロナ」という大衆車の別の（豪華な）バージョンの呼称であった。それが「マークⅡ」という記号の部分だけが独り歩きして、単独の車種名になってしまったのである。

ところで実は「特養」というのも、それと少し似ている。

「特養」は、特別養護老人ホームの略称として、広く知られるようになっているが、それでは何が「特別」なのか。逆に「特別ではない」養護老人ホームというのがあるのだろうか。

そのとおりであり、もともと「養護老人ホーム」というのがあった。これは身寄りの無い（多くは低所得の）高齢者などが入居する施設で、今でも一定数がある〔900施設程度〕。

しかしそれに加えて、「特に介護を要する」高齢者に入居してもらう施設が必要になってきた。それが特別養護老人ホームであり、いまやそちらの方が一般的になってしまったのである。

すると、養護老人ホームの方は役目を終えたというべきだろうか。決してそんなことはなくて、独居老人、孤独死等の問題がク

ローズアップされるなかでは、むしろ重要性を増してくる可能性もあろう。

たとえば児童福祉の領域でも、児童養護施設という施設があり、かつては親のいない、身寄りの無い子どもが多く入居していた。それがいまや、児童虐待を受けた子を中心的に受け入れている。施設の役割も、時代とともにその重点を変えていく。

ただし、そのように「施設にまとめて入れる」という発想自体がもう古いという可能性もある。そもそも障害などの種類別に分けて、それらに応じて細分化された施設に収容するというのが旧来の社会福祉の基本的な対応方法であった。介護の領域にしても、その一環として位置づけられ、高齢者を「措置」によって特養に入れるという対応がされていたわけで、それを介護保険で大きく発想を転換したものである（**3.2**の【**クローズアップ**】を参照）。

ハイブリッド車が脚光を浴びるなかで、「コロナ」も「マークⅡ」も製造が中止されて久しい。時代は変わっているのかもしれない。

3.8　介護報酬

このようなサービスごとに価格がついていて、それが保険者から介護事業者に支払われる。これをすでにふれたように介護報酬といい、医療保険の診療報酬（**2.13**）に対応している。

たとえば訪問入浴1回が1万円とか、ホームヘルパーが1時間で4,000円とか、そういう形で（実際にはもっと細かく）決まっている。同じように施設への入所についても、（在宅サービスより包括的に）それぞれ決まっている。また介護報酬では地域差もある程度勘案されている。

その9割（ないし8割）が保険者から支払われ、残り1割（ないし2割）は利用者負担になる。

(((クローズアップ))) 家族介護への現金給付

介護保険では、家族自身が行っている介護についての給付はない。

この点は制度創設当時からずっと議論がある。同じ要介護状態なら、外部サービスを利用しない場合でも、何らかの支給があるのが公平であり、家族介護にも報いるべきだとの主張と、そうすると家族（とくに女性）による介護を固定化してしまうとの主張が対峙している。

本書が説明した内容からは、そもそも家族介護を外部サービスに置き換えるために介護保険は作られたという経緯、また「まず」外部サービスの利用関係があるという制度の構成から、家族介護への現金給付は行わないという設計は十分に理解可能だが、実態として家族介護を外部サービスに置き換えきれていないことからすると、課題を残している。

もし家族介護に対しても、何らかの給付を行うとすれば、それは要介護状態になったこと自体に着目したものか、それとも家族による介護労働に着目したものか、その性格を位置づける必要があるだろう（なお介護負担に伴ういわゆる機会費用については、すでに一部は雇用保険で対応されている。**4.7**参照）。

4. 雇用保険

4.1 雇用保険の基本的な仕組み

雇用保険は、ごく大雑把にイメージすれば、労働者が失業した場合に、金銭を支給する仕組みということになろう。失業にもいろいろあって、リストラにより会社をクビになったとか、会社自体が潰れてしまったなどが代表的だが、自分から辞めたという場合もあり、これも雇用保険の対象になる。

そこでまず**1.1**で示したもっともシンプルなモデルに当てはめれば、図①のようになる。

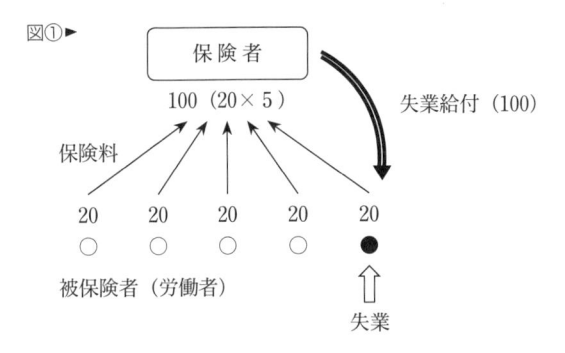

図①▶

```
            ┌─────────┐
            │  保険者  │
            └─────────┘
          100 (20×5)        失業給付 (100)

    保険料
     20    20    20    20    20
     ○    ○    ○    ○    ●
                           ⇧
    被保険者（労働者）      失業
```

すなわち一定期間に、確率的に5人のうちの1人（●印）が職を失うと想定する。そこで、あらかじめ20ずつ保険料を払っておいて、実際に職を失った1人に、100を給付するのである。

基本的なイメージとしては、実際それで間違いないのだが、このモデルに即して、次の**4.2**でいくつかの点を付け加えておきたい。それは裏返せば、雇用保険が対象とするリスクは何か、ということでもある。

4.2　雇用保険が対象とするリスクとは

㋐　給付は、あくまで金銭である

雇用保険では、医療保険や介護保険のように、別途のサービス提供者は登場しない。金銭での給付というのは、当然と思われるかもしれないが、「現物給付」も不可能なわけではない。つまり医療保険が、現物としての医療サービス（治療など）を提供していることを考えれば、雇用保険で「仕事そのもの」を給付するという方法も考えられなくはない。

実際に、かつてそれに近いことは行われていたことがあるし（いわゆる失対事業）、公務員として雇うという考え方もありうる。しかし今日の社会保障政策の中で、正面から民間企業の雇用自体を確保したり、増やしたりというのは無理な注文だろう。

したがって雇用保険は、職がないこと自体というよりは、それにより収入が途切れるリスクをカバーしているものだともいえる。だからより踏み込んで行えるのは、雇用環境の整備とか、就労支援などということになり、それが㋒で述べる点でもある。

㋑　単なる離職ではなく、再就職できないリスクをカバーしている

雇用保険法では、単なる離職ではなく、再就職できないという状態を「失業」として、そういう場合に給付を行う（雇用保険法4条3項。4.4で改めて扱う）。

つまり雇用保険は、単に失業して収入を失うリスクというよりは、離職した上で次の職が見つからないというリスクに備える、さらにいえば、失業したために日々の生活が回らなくなり、再び職を得るための活動や努力もできないという事態を回避するための仕組みということもできるだろう。

だから生活の保障という意味では年金とも似ているが、期限付

きであり、次の職が見つけられるまでの間の支給であるし、次の職がみつからなくても最長でも1年という短期的な給付である。

社会保障は、上から落ちてきたときに跳ね返す「スプリング・ボード」のようなものだ、と説明されることがあるが、それはこの雇用保険について、もっともよく当てはまるものといえる。

(ウ) **法律の名前は「失業保険法」ではなく「雇用保険法」である**

かつては法律の名称も「失業保険法」だった。それが「失業した際に、給付する」だけではなくて、より積極的に、雇用を確保するということで、名称も「雇用保険法」となった（1974年～）。

何を「より積極的に」行うかについては順次みていくが、単に失業した場合に救済するというよりは、ひとつにはなるべく失業しないように、またもうひとつには失業したとしても、なるべく早く再就職できるように、という意味合いがある。それらを一言でいえば「雇用の安定」（雇用保険法1条）ということになろう。

その意味では、(ア)と矛盾するようだが、雇用保険法全体としては、離職して仕事を失い、次の仕事が無いということ自体をリカバーしようとしているともいえる。

(エ) **保険関係には、事業主も介在している**

上記のモデルには労働者（従業員）しか出てこないが、雇用保険では、事業主も保険料の半分（以上）を負担していて、位置づけとしても大きいものがある。

つまり事業主は、保険料を負担しているというだけではなく、場合によっては **5.** で扱う労災保険のような意味で（あるいは年金や健康保険もそういう面があるのだが）、もともとは事業主こそが、保険関係の中心的な当事者であり、雇用保険も事業主から従業員への給付の準備手段だったのではないか、という見方も成り立ちうる。それは雇用保険の歴史的成り立ちのひとつでもある（アメリ

カの雇用保険は現在も保険料は原則事業主負担である)。

つまり雇用保険とは、事業主が従業員に対して、仕事（雇用）を、そして賃金を提供し続けられなくなったときのために（あるいはそういう事態に陥るリスクに備えて）、あらかじめ資金（解雇時や倒産時の給付）を準備しておく仕組みなのだという見方である。

図㊁のようなイメージであり、具体的な仕組みとの関係で、このような視点も持っておく意味がある。

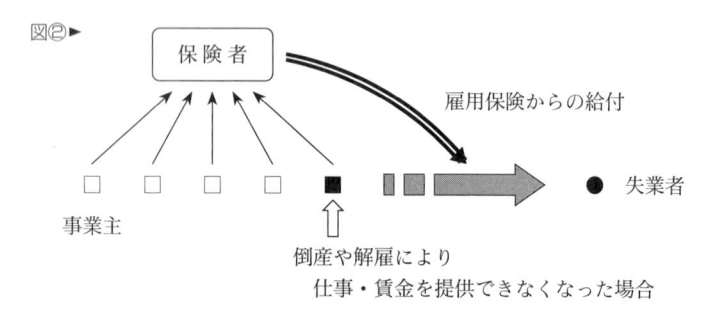

図㊁▶

```
              保険者
             ↑↑↑↑
                              雇用保険からの給付
  □ □ □ □ ■  ■■ ━━▶       ● 失業者
 事業主      ⇧
         倒産や解雇により
         仕事・賃金を提供できなくなった場合
```

● Coffee break ●　雇用は結婚と少し似ている

個人が組織から切り離されるという意味では、失業や解雇は、離婚にも似ているところがある。だから雇用保険全般を、結婚・離婚の比喩で考えてみるのも分かりやすいかもしれない。

つまり失業給付は、離婚の際の「手切れ金」のようなものと理解することが可能である。「これだけ払うから、きれいに別れてくれ」というわけである。もっとも手切れ金などというと、夫から妻に対するかつての「三下り半」が想起されようが、今日ではもちろん愛想をつかすのは男性の側とは限らない。

あるいはより今日的には、離婚の際には巨額の慰謝料を払わなければならないとすれば、それに備えて、あらかじめ保険料を払っておくという行動にも合理性がありそうである。あわせて見限られる側としても、それでいきなり路頭に迷っても大丈夫なように、あらかじめ保険料を払っておくことに意味がありそうである。

4.3 被保険者、保険者と保険料

　以下ではとりあえず図①、図②に沿って、被保険者と保険料、また保険者と財政構造について、順次みていきたい。

《被保険者》
　労働者を雇っていると、原則として雇用保険の適用事業所になる。そしてそこで雇われている人は、被保険者になる。いわゆるパートタイマーなども、一定の基準により対象となる〔週に20時間以上の勤務、31日以上の雇用の見込み（かつて6ヶ月以上だったのが、2010年から拡大された）など〕。

　ただし離職前の2年間に12ヶ月以上の被保険者期間（解雇や倒産等の場合は離職前の1年間に6ヶ月以上）が必要である。

　民間保険ならば、普通は加入してすぐに事故があっても、保険金が払われるのだが（「保険は四角」なのである。**1.5**の【**クローズアップ**】を参照）、雇用保険では、たとえば1か月だけ働いて、すぐやめたという場合は給付されない。少なくとも半年か1年は、職場に腰を落ち着けて働いて、また保険料を納めることが求められるわけである（ちなみに公的年金では、もっと長い資格期間が求められている。**6.7**参照）。実際、最長では1年にわたって給付されることから、被保険者であった期間よりも長く給付されるというのはヘンでもあろう。

　逆に、たとえば学校を卒業しても、まったく職につけなかったような人は（より気の毒なケースともいえるが）、被保険者期間がないので、給付の対象とならない（なお**4.8**参照）。また公務員についても対象となっていない。

《保険料》

　保険料は、給料（標準報酬）比例で計算され〔1.35％〕、このうち主たる部分（「失業等給付」にあてられる部分）〔1.0％〕を、従業員と事業主で折半する〔0.5％＋0.5％〕。この点は、他の被用者保険と同様である。すでにふれたように、雇用保険は、従業員のための制度であり、同時に事業主のための制度でもあるという点からこのことを理解できる。

　ただしこれとは別に、「雇用保険二事業」のための保険料率というものがあって、この部分については事業主だけが負担する〔0.35％〕。これはあとでみるように（**4.8**）、給付が従業員ではなく事業主自身に戻ってくるものが多いことが関係している。つまりこの部分だけ取り出すと、従業員は保険関係の当事者に入ってこないのである（図③参照）。

図③▶

◇失業等給付にあてる保険料＝事業主と従業員が折半〔0.5％＋0.5％〕

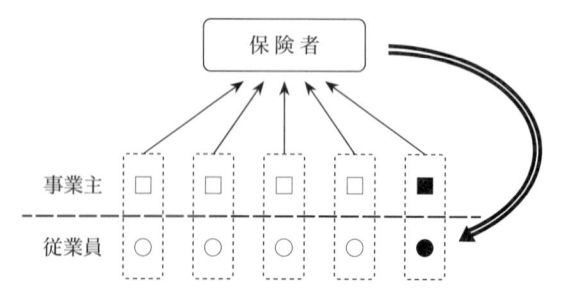

◇雇用保険二事業にあてる保険料＝事業主のみ〔0.35％〕

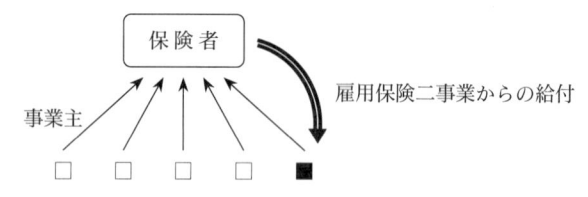

雇用保険二事業からの給付

> ● **Coffee break** ●　「失業等給付」というヘンな表現
>
> 　このように雇用保険の保険料のうち、労使折半の1.0％は、主たる給付である「失業等給付」にあてられる。この「失業等給付」というのは、法律に書いてある正式な名称で、具体的には後述する4つの給付（求職者給付、就職促進給付、教育訓練給付、雇用継続給付）を指している（**4.7**で改めて扱う）。
>
> 　ただ、普通なら「失業給付等」と書きそうなところ、「等」の位置が「失業」と「給付」の間に挟まっていてちょっとヘンな感じがする。しかしこれで正しい。
>
> 　つまり、これは最近でいえば「AKB等48グループ」みたいな表現なのである。具体的には、AKB48とSKE48とNMB48と……という複数の特定のグループの総称である。あるアイドルグループが、これに入っているかいないかは、ファンならば明確に認識できるだろう（その範囲はときどき増えたり減ったりするにせよ。その点も雇用保険法と同じである）。
>
> 　これに対して、「AKB48グループ等」と表現したら、それは「ももクロ」とか「E-girls」とか、別系統のいろいろなアイドルグループが含まれてくるし、どこまでこれに含まれるかはそれだけでは分からない。「AKB等48グループ」とは明らかに意味が違ってくる。
>
> 　実際、「失業等給付」には、「失業給付」以外の「給付」も含まれており、その具体的な内容についてはあとでみる（**4.7**）。また労災保険でも、「二次診断等給付」とか、「社会復帰促進等事業」のように、「等」を間に挟んだ同様のヘンな表現が出てくる。

《保険者、財政構造》

　雇用保険では、保険者は国が単独で担っている。

　また保険財源に対しては、一定の公費負担がある（**1.3**参照）。これは「求職者給付の1/4」などというような形で定められているが、財政上の特例措置もあり、実際はやや複雑になっている。〔当分の間、その55％だけを負担することになっている。〕

⦅⦅⦅クローズアップ⦆⦆⦆ 労働保険という括り

　雇用保険と労災保険は、「労働保険」として一括りにされる。これは、労働者だけを対象としているからである。

　つまり失業するのは労働者だけであり、自分で商売をしている人（自営業者）は、仕事を自分でたたむことはあっても、それは失業とは少し違う。また労災保険（次の5．で扱う）は、事業主の補償責任を保険化したものなので、事業主がいない、雇われていない人には基本的に適用されない。

　それに対して傷病や老齢は、雇われている人に限らず、誰でもが抱えているリスクなので、全ての人が対象となる。

　しかし歴史的な経緯からすると、社会保険は、賃金労働を念頭に組み立てられているという側面が強い。つまり自分では生産手段を持たず、賃金によって生活するしかない人たち（いわば「労働者にしかなれない」人たち）の保険という意味であり、もともとは労働保険ということである。

　そういう人たち（いいかえれば普通の勤め人ということだが）は、働いて得られる賃金のほかに財産や資産はないので、それをそのまま生活費に使ってしまうと（手から口へ。from hand to mouth）、手許に何も残らない。そこで何かのリスクに見舞われたときにはたちまち窮してしまう。だから、賃金のなかから保険料を払っておくという方策が編み出されたわけで、それはいいかえれば「それしかない」というギリギリの戦略であったともいえる。

　それをある意味では無理して労働者以外にまで適用対象を広げたのが、日本の公的年金や医療保険だともいえるかもしれない。

　ただ逆に近年は雇用問題が深刻化して、「労働者にしかなれない」どころか、「労働者（あるいは正規雇用者）にもなれない」人が増えている中で、社会保険の対応が改めて問われているともいえる。

4.4 失業の認定

　以下では改めて図①、図②のモデルをもとに、誰に、何が、どのように給付されるかという点をみてみたい。雇用保険の給付種類は大変多いが、ここではもっとも代表的な失業した場合の給付である、求職者給付の基本手当についてみていく。

《要件、対象》
　失業という状態の認定は意外に厄介で、単に「職がない」というだけではなく、平たくいうと「働いていたのだが、職を失ったので、働こうとしているけれども（また働く能力もあるのだが）職がない」という状態をさす。雇用保険法4条3項では「被保険者が離職し、労働の意思及び能力を有するにもかかわらず、職業に就くことができない状態」とされている。だからたとえば「結婚のために退社した」という場合には、支給されない。

　他方、自発的に退職した場合でも、支給される。保険の原則からすると、偶然のリスクをもとに保険は成り立っていることから、自分で保険事故（この場合は「失業」）を「わざと」起こしたら、保険給付は行われないのが普通である。しかしひとつには解雇との区別は微妙であり（「自発的な退職」を「余儀なくされる」ということは少なくない）、また離職して失業しているという事実は紛れもなく存在することから（あるいはそのような事態に備えて保険料を払ってきたのだから）、自発的な退職も、給付の対象となるものと理解できる。

　あまり適切な例ではないかもしれないが、勝手に暴飲暴食して、生活習慣病になっても、実際上、医療保険を利用できなくなるわけではないのと似たような話かもしれない。

　ただし自発的な退職の場合、1〜3ヶ月の間、支給されないの

に加えて、給付期間（所定給付日数）が短くなる（**4.6**参照）。

これらの失業の認定は、公共職業安定所（いわゆるハローワーク）により行われる。

また待機期間（1週間）が設定されていて、すぐには支給されない。職業紹介を受けて、それに応じない場合も、1ヶ月支給が遅れる。

なお不正受給に対しては、支給停止や返還に加えて、支給額の2倍の額の納付が命じられる。

> ### 《《《クローズアップ》》》年金や生活保護と雇用保険の比較
>
> 雇用保険は、収入が失われた場合に金銭を支給する仕組みであるという点で、年金や生活保護とも共通するが、これらとはいろいろな点で異なる。
>
> 雇用保険はたとえば年金のように一定の年齢に達したら一律に開始され、以後ずっと給付されるものとは違う。給付期間は最長でも1年であり、雇用保険の給付で残り一生を過ごすというようなことは想定されていない。
>
> まさに「スプリング・ボード」であり、あるいは「セーフティ・ネット」だとしても、その上に乗ったまま一生を過ごすことは想定されていないわけである。
>
> 他方、雇用保険は生活保護のように、資産や収入、稼働能力（働けるかどうか）などをいろいろ調べられて、どうにもならない場合にやっと支給されるというものでもない。こういう事態に備えて保険料を払ってきたのだから、「働こうとしているのに職がない」ということになれば、別に貯金や資産が沢山あっても雇用保険は給付される。
>
> そのことは、たとえば医療保険と同じである。大金持ちで、何の問題もなく全額自己負担で医療機関にかかれる人であっても、あらかじめ保険料を払っていた以上、病気やケガの際には医療保険を利用できる。それが社会保険の仕組みということでもあろう。

● Coffee break ● 仕事の「えり好み」は認められるか

　仕事を真剣に見つけようとしていない場合は、失業給付は支給されない。すると「真剣に仕事を探しているかどうか」が問題となる。

　しかし世の中に、一切の仕事がないということはありえない。たとえば介護分野はつねに人材不足だし、警官も自衛官もいつも募集している。すると、どこまで仕事の希望を通せるかがポイントとなる。たとえばどうしてもプロ野球選手になりたいといっても普通は無理であり、そのようにあまり「えり好み」を認めるわけにはいかないが、「何かしらの仕事はあるはずだ」ではきつすぎる。

　たとえばある裁判例（大阪高裁昭和57・8・9判決）では、事業所の規模（大きいところ）や職種（自動車登録業務）に拘泥したことについて、「あくまで希望就職口に固執」しているとして、支給の打ち切りが認められた（年齢や学歴からしても、求職条件を緩和すれば、適当な就職は容易なはずだと評価された）。

　明確な線を引くのは難しいだろう。ただ、たとえば生活保護でも同様の問題はあるのだが、生活保護と比べると、何しろ失業に備えて保険料を払っていたのだから、多少の「わがまま」を聞く余地はあっていいと思う。その人にとって、いわゆるディーセント・ワーク（働きがいのある、人間らしい仕事。decent work）を選ぶ権利を確保することが望ましく、それが憲法の保障する「職業選択の自由」ということでもあろう。

　ちなみに筆者なども失業したら、ハローワークで「介護の仕事ならいろいろ求人がありますよ。ご専門でしょ？」とか勧められそうである。そんなときに「いやー、私がやっているのは机上の空論でして、実際の介護は全然できないんですよ〜」と馬脚をあらわすのも淋しい話ではある。

4.5　給付水準

　失業した場合、求職者給付の基本手当が、離職前の賃金水準の一定割合で、一定期間（最長1年）、支給される。

　これは基本的には失われた収入をカバーするという性格のものである。その意味で医療保険における金銭給付である傷病手当金（2.9参照）や、あとで扱う労災保険や公的年金と、基本的には同じような性格のものだといえる（図④）。

　ただしすでに4.3でみたように、一定の資格期間があり、半年ないし1年は、働いて保険料を納める必要がある。

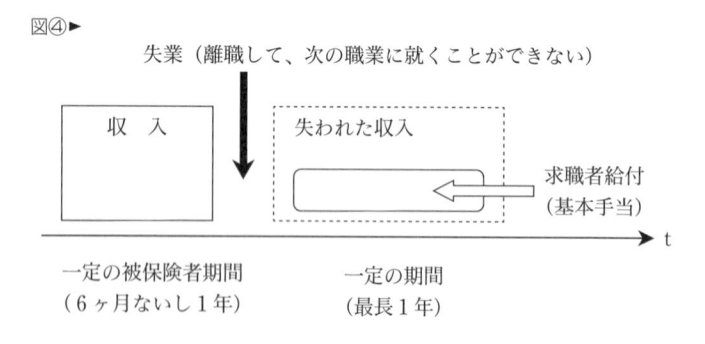

図④▶

失業（離職して、次の職業に就くことができない）

| 収　入 | 失われた収入 ← 求職者給付（基本手当） |

一定の被保険者期間（6ヶ月ないし1年）　　一定の期間（最長1年）

　ここでは給付内容を考えるに当たって、やはり長期保険である公的年金（6．で扱う）と同じように、保険料拠出と、給付水準および給付期間との関係からみてみたい。クルマに喩えれば、ガソリンをどのくらい注ぎ込んで、それによってどのくらいのスピードと走行距離を走れるか、というイメージである（図⑤）。人間を機械で喩えるのはあまりいい説明ではないかもしれないが、あくまで理解のための方策ということである。

図⑤▶

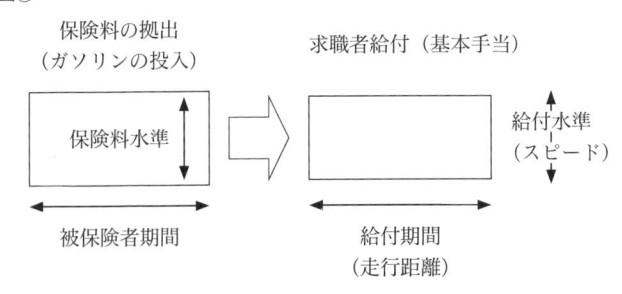

[図：保険料の拠出（ガソリンの投入）→求職者給付（基本手当）。保険料水準・被保険者期間、給付水準（スピード）・給付期間（走行距離）]

《給付水準》

　基本手当の額について、法文上（雇用保険法16条）の原則は、失業前の賃金の5割（すなわち半分）とされている。ただし従前の賃金が低ければ、8割までとなり、賃金の額により、滑らかにその割合は調整される。また60歳以上ではその下限は45％になる。

　失業前の賃金というのは、離職直前6ヶ月の平均で算出する。公的年金のように過去にずっとさかのぼって平均値を出すわけではない（**6.9**参照）。

　原則の5割という水準については（2003年までは6割だったが）、あまり失業前の水準に近いと（たとえば9割というように）、失業した方がいいということにもなりかねないし、逆にあまり低いと、落ち着いて次の適職を探すこともできない。そこで5割〜8割という水準になっているものと理解できる。

　いずれにせよ、ここでは失業前の賃金にある程度比例して額が決まる。失業という同じように不幸な事態に対して、支払われる額も均一でいいという考え方もあるだろうが、そうはなっておらず、直前の賃金水準によって異なるのである。

> 高い賃金（高い保険料）の人が失業　→（やや）高い給付額
> 低い賃金（低い保険料）の人が失業　→（やや）低い給付額

それはひとつには、それぞれの人が失業する前との連続性を確保するという観点から説明される（あるいは社会保障の理念とされる「生活の安定」、「従前生活の維持」から説明できよう）。しかしそれだけでは納得しづらいかもしれない。むしろ低い賃金だった人が失業したときの方が、気の毒ともいえるからである。

　そこでもうひとつの説明は、賃金が高い人は、保険料も高く払っていたというものである。高い保険料を払っていた人に、多くの額を支給するというのは、一応の合理性がある。この点で、誰に対しても最低限度の生活を保障する生活保護とは異なる。

　もっとも払った保険料の総額という意味では、加入していた期間の長短によって変わってくるが、この被保険者期間の長短によって、毎回の給付水準が異なることはない。あくまで直近の賃金および保険料の水準によって給付水準が決まる（図⑥）。

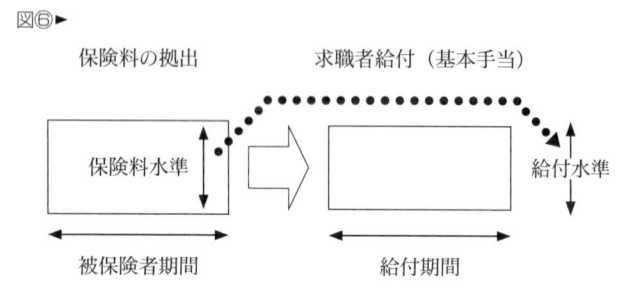

図⑥▶

　保険料の拠出　　　　　求職者給付（基本手当）

保険料水準　　⇒　　給付水準

被保険者期間　　　　　給付期間

　クルマに喩えれば、良質のガソリン（高い水準の保険料）を入れると、多少スピードは出る（高い水準の基本手当を受け取れる）ということであろう。ただガソリンの質をよくしても、2倍も3倍もスピードが出るわけではない。「ややスピードが出る」というところである。

　またガソリンを注入した時間（被保険者期間）の長短は、クルマのスピードとは関係がない。たくさんガソリンを入れれば、スピードが出るというものではない（ただし次の**4.6**でみるように、所定給

付期間（いわば走行距離）には大きく影響してくる）。

> ### (((クローズアップ))) 民間保険と雇用保険の比較
>
> ここで改めて民間保険と比べてみると、以下のことがいえる。
>
> ひとつには、民間保険では被保険者期間の長短は、保険給付とは関係しない。たとえば保険に加入したら、1回しか保険料を払っていなくても、次の日に事故があれば所定の保険金を全額受け取ることができる。その点で、貯蓄とは異なる（「保険は四角」なのである。1.5の【クローズアップ】を参照）。
>
> この点、雇用保険でも半年ないし1年の被保険者期間は求められるが、それさえ満たせば被保険者期間にかかわらず、同じ額を受け取れる。被保険者期間が短ければ、額も少なくなるということはない。
>
> また民間保険では、毎回払っている保険料の水準と、保険金とは比例する。倍の保険料を払う保険に入っていれば、事故の際には倍額の保険金が支払われる（「給付・反対給付均等の原則」である。1.1の【クローズアップ】を参照）。
>
> この点、雇用保険でも、高い保険料を払っていれば、高い給付を受け取れる。もっとも次にみるように、雇用保険では保険料をたとえば2倍払っていても、給付は正確に2倍にはならない。
>
> このように、毎回の給付水準が、それまで払っていた保険料の水準によって異なり、他方、保険料を払っていた期間の長短とは関係なく決まってくるというのは、保険のもともとの考え方（あるいは民間保険の仕組み）と基本的には一致するものだといえる。

《再分配の要素》

このように、賃金および保険料の水準と、給付水準とは、前者が高ければ後者も高くなるという関係にはあるが、単純な比例関係ではなく、次にみるように「ならされて」いる。いいかえれば倍の賃金（すなわち倍の保険料）なら、倍額の給付をもらえるわけではない。

具体的には、失業前の賃金が高い場合には、その5割が支給されるが、失業前の賃金が低い場合にはその8割が支給され、その間は段階的に、支給率が5割から8割まで比例按分的に上がっていく（図⑦）。

　つまり法文上の原則は、従前の賃金の半分（5割）なのだが、従前の賃金が低い場合に、それを半分にすると、給付水準がとても低くなってしまうので、その場合は従前の賃金の8割（まで）にとどめ、実額では「そこそこの水準」をキープするわけである（ただし別途、基本手当には最高額・最低額も定められている）。

図⑦▶

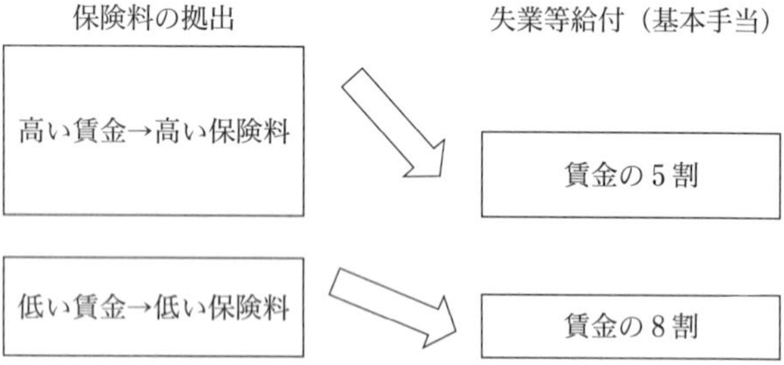

```
保険料の拠出                    失業等給付（基本手当）

┌──────────────┐                ┌──────────────┐
│ 高い賃金→高い保険料 │  ────▶      │   賃金の5割   │
└──────────────┘                └──────────────┘

┌──────────────┐                ┌──────────────┐
│ 低い賃金→低い保険料 │  ────▶      │   賃金の8割   │
└──────────────┘                └──────────────┘
```

　このためすでにふれたように、倍の賃金なら、倍額の給付になるわけではなく、そこに所得の再分配が働いている。倍の賃金、倍の保険料なのに、給付が倍にならないということは、その分が低い賃金・低い保険料の人の給付の方に移転しているのである。

《制度設計の政策選択肢》

　別の言い方をすれば、そのような所得再分配を可能にするために、「高い賃金→高い保険料→（やや）高い失業手当」、また「低い賃金→低い保険料→（やや）低い失業手当」という計算式にしているとも理解できる。

　これがもし「高い賃金でも低い賃金でも、一律の保険料→一律

の失業給付」とすると、かなり低い水準の失業給付しか払えないことになるだろう。低い賃金からも一律の保険料をとるとすれば、保険料の水準を低く設定せざるを得ないからである。

またそうではなく逆に「高い賃金→高い保険料→一律の失業給付」、また「低い賃金→低い保険料→一律の失業給付」とすると、高い保険料を払っている人から「不公平だ」という文句が出るだろう（もっとも医療保険では実際にそうなっているわけだが、医療保険は現物給付で、手許に金銭が残るものではなく、いわば医療機関の方に直接いってしまうのに対して、雇用保険では給付が金銭なので、「損得」が目立ちやすいといえる）。

現行の仕組みはその辺のバランスをとって、そこそこの給付水準を実現しているものといえる（医療保険に関して2.5、年金に関して6.6および6.9の【クローズアップ】もあわせて参照。）。

なお繰り返しになるが、この基本手当の水準は、加入期間（被保険者期間）とは関係がない。あわせてみると、加入期間が長かろうと、短かろうと、失業前の生活水準に近いものを保障するという考え方の設計だといえる。

4.6　給付期間

雇用保険の失業等給付は、失業して収入が途切れたとき、それをカバーするという趣旨だが、それなら「失業している間、ずっと支払う」というのがひとつの考え方ではある。しかしそうすると、ひとたび職に就いていた人が失業すれば、以後ずっと収入が保障されることになり、ちょっとおかしい。

もし仕事に就いているのが「常態」だとすると、仕事を失ったら、次にまた仕事を見つけられるまでの間をカバーする、と考えるのが筋ということになる。

逆にいえば、次の仕事が見つかるまでの間、それ以前の生活の

水準を落とさずに、安心して次の仕事を探せるということであり、まさにそういうときのために（あるいはそういう事態に備えて）保険料を払っておくのだと考えることができる（つまり「スプリング・ボード」というに相応しい役割を果たしている）。

ただ「次の仕事が見つかるまで」ということでは、仕事が見つからなければ、いくらでも給付期間が長くなってしまう。あるいは無理に仕事を見つけなくても構わないということにもなりかねない。だから、そこそこの期間上限が設けられている。

すなわち1年間を上限としつつ、いろいろな要素（離職理由、年齢、被保険者期間等）の組み合わせで、給付期間が決められている。これを所定給付日数という。

この給付期間の長短は、保険料の水準とは関係がない。給付期間の設定や判定は、支払ってきた保険料水準の高さ／低さとは関係なく決まってくる。

《被保険者期間と給付期間（所定給付日数）》

具体的な給付期間の決め方は複雑だが、主に再就職の難易度によって決めるという考え方に沿って、すでにふれたように離職理由、年齢、被保険者期間等に応じて決められている。

まず基本的に、被保険者期間が長い方が、給付期間は長い（図◎）。通常の離職の場合、被保険者期間が1年未満なら、所定給付日数は90日が基本だが、被保険者期間が長くなると、150日まで期間は延びる。さらに倒産や解雇等により失業した場合は、年齢に応じて期間は延びる（最長330日）。

この点、被保険者期間の長短に関わらず、同じく失業という不幸な事態に見舞われたのだから、一定の給付期間にすべきだという考え方もあろうが、現行制度はそうなっていない。

なぜ被保険者期間が長い方が、給付期間も長く設定されているかといえば、ひとつには、長くひとつの職についていれば、年齢

も高くなっており、別の職への転換は難しいということがある（もっとも逆に、高年齢でも被保険者期間は短いということもありうる）。

もうひとつは、被保険者期間が長いと、合計では保険料を沢山払っていることになるので、それに見合った給付ということでもある（給付期間が長くなれば、給付総額も多くなる）。

すでに4.5でみたように、被保険者期間の長短によって、毎月の基本手当の額は影響を受けない。しかし給付期間には反映するのである（図⑧）。

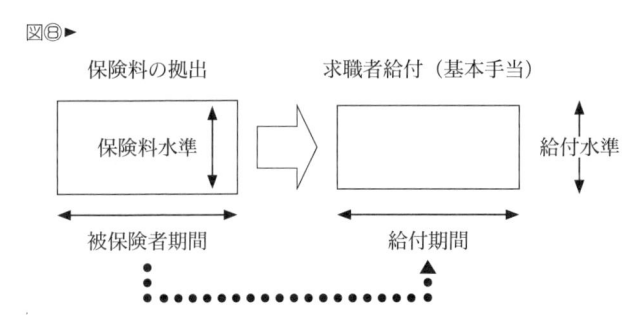

図⑧▶

保険料の拠出　　　　　　求職者給付（基本手当）

| 保険料水準 | ⇒ | 給付水準 |

←被保険者期間→　　　　←給付期間→

再びクルマの比喩をもち出すなら、同じ質のガソリンであれば、ガソリンの総注入量（注入時間に比例する）が多ければ（つまり被保険者期間が長ければ）、走行距離（給付期間）は長くなる。満タンにすると、遠くまで走れるのである。他方すでにみたように、その注入量（被保険者期間の長短）によって走るスピード（基本手当の高さ）が上がるわけではない（この点、公的年金では被保険者期間が年金額に影響するので、仕組みが異なるといえる）。

このように被保険者期間によって、給付期間が変わってくる。加えてすでにふれたように、事業の倒産や解雇等による離職者（これを「特定受給資格者」という）については、期間が長く設定される（給付水準は変わらない）。

またそのなかでも高年齢の場合、そして就職困難者（障害者等）の場合は、給付期間が長くなる（給付水準は変わらない）。それぞれ

次の職が見つかるまでに、より期間がかかるのではないかという想定である。

逆にいうと、そうではない通常の離職者、つまり自己都合退職の場合は、相対的に所定給付日数は短くなっている（90日～最長でも150日）。ただし自己都合の退職の場合でも、「特定受給資格者」に含まれる「解雇等」の範囲は広く認められている。自己都合退職を「余儀なくされる」ということは、世の中ではよくあるからである。

それぞれの期間設定（最長でも1年）は、適職を探すには短いとの印象もあるかもしれない。ただ、何しろ自己都合の場合も含め、元気で働ける人に対して、そこそこの（従前の賃金に比例した）水準を給付するものでもある。働いている間に保険料を払ってきたことの見合いで、一定期間に限って手厚く給付することで、失業の衝撃を一時的に和らげ、短期集中的に次の仕事を探すことに専念することを可能にするものとして理解できよう（ちなみにその期間を過ぎれば、あとでみる求職者支援制度や生活保護等の役割となろう）。

実際、たとえば東日本大震災後にも、「なかなか仕事を見つけるのが難しい」ので、失業給付の給付期間延長の特例措置がとられた。ただ一般論としては、「ニーズ」だけからすると、給付期間が際限なくなりかねないともいえる。

なお、職業訓練の受講や、全国やその地域の雇用環境などにより、また妊娠や出産等々の個々の事情によっては、期間に延長措置がとられる。

《所定給付日数と再就職》

所定給付日数は最長1年のなかで、いろいろ区分が設定されているが、その定められた給付期間になれば、再就職できなくても給付は打ち切られる（図⑨）。

また逆に、給付期間中に再就職すれば、そこで給付は打ち切ら

図⑨▶

所定給付日数　　　　↓期間満了

▲再就職できず
↑
給付は打ち切り

れる。ただそうすると（とくに再就職の時期を調整できるような場合）、とりあえず所定給付日数いっぱいまでは給付をもらうということにもなりかねない。

　そこで、所定給付日数を余して、早く就職した場合には、一定の条件（残り日数が一定以上あることなど）を満たせば、残り期間の手当の一定割合〔5割ないし6割分〕が支給される。これを再就職手当という。いいかえればこのことで、早く再就職することへのインセンティブとなっている（図⑩）。

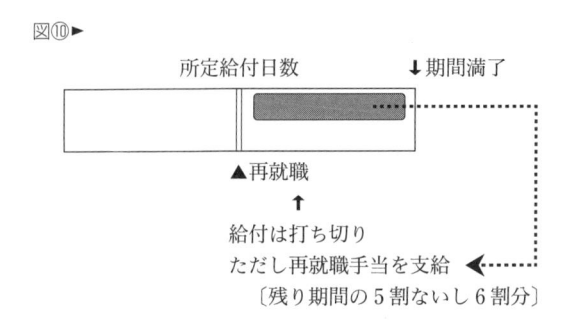

図⑩▶

所定給付日数　　　　↓期間満了

▲再就職
↑
給付は打ち切り
ただし再就職手当を支給　◀┄┄┄
〔残り期間の5割ないし6割分〕

4.7　その他の給付

　雇用保険法の給付としては、ここまでみてきた求職者給付の基本手当以外にも、いろいろな種類がある。一覧にして列挙すると、

図⑪の左側のようになる。これらのうち、求職者給付、就職促進給付、教育訓練給付、雇用継続給付の4つの給付が「失業等給付」である（4.3の【Coffee break】を参照）。

図⑪▶

```
求職者給付
    基本手当            }  Aタイプ
    その他
就職促進給付
    再就職手当          }  Bタイプ
    その他
教育訓練給付
雇用継続給付
    高年齢              }  Cタイプ
    育児休業給付
    介護休業給付
雇用保険二事業
```

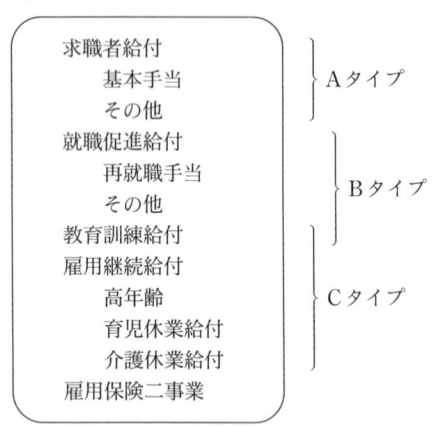

これを思い切って整理してみると、図⑪の右欄のように、3つのグループに分けることができる。

　A　失業時の所得保障
　B　（ふたたび）職を得るための給付
　C　職を続けるための給付

まずAタイプの給付の代表は、すでにみてきた求職者給付（基本手当）であり、それに付随する給付もいくつかある。

またBタイプ、Cタイプの給付が、単に「失業保険」ではなく、まさに「雇用保険」としての給付だといえる。すなわち次の職を得るため（Bタイプ）、またいまの職を続けるため（Cタイプ）の給付ということである（図⑫）。もっともそれぞれの給付が各タイプに及ぶ役割を担っているところはある。

このうちBタイプの給付としては、すでにみた再就職手当がある。

図⑫▶

Aタイプ：失業時の所得保障

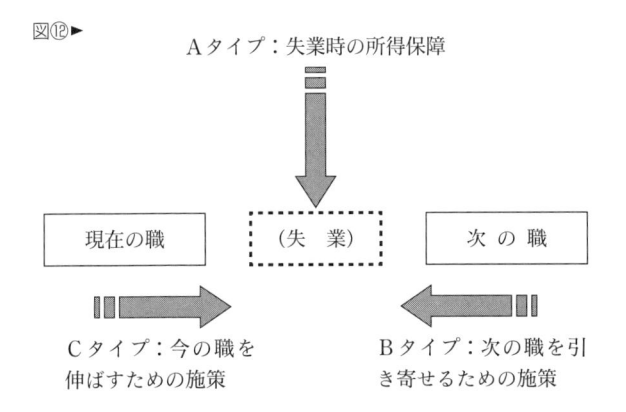

現在の職　　（失　業）　　次 の 職

Cタイプ：今の職を　　　Bタイプ：次の職を引
伸ばすための施策　　　き寄せるための施策

　また教育訓練給付は、教育訓練費用の一定部分を給付するものである。〔支払った費用の2割で、上限10万円。〕教育産業のCMでよく紹介されているが、これは失業した場合に再び職を得ることの「あと押し」とみれば、Bタイプに位置づけられようが、失業していない場合も含めていわば人的資源の強化という性格のものであり、Cタイプとしての位置づけも有している。Bタイプの就職促進給付のひとつである広域求職活動費も似たような性格を有している。

　またCタイプの給付としては、三種類の雇用継続給付（育児休業給付、介護休業給付、高年齢雇用継続給付）がある。

　このうち育児休業給付は、被保険者が育児休業をとる際に、雇用保険からの給付によりその間の賃金が補塡されるもので、これによって労働者も離職せずにすむし、事業主も雇用し続けやすくなる。〔最初の半年は賃金の67％、次の半年は50％。原則1年まで。〕

　同様に、家族のために被保険者が介護休業をとる場合、介護休業給付が支給される。〔従前賃金の40％が最長3ヶ月給付される。〕比較的短い期間で設定されているのは、労働者自身が介護に携わるわけではなく（数か月では介護は終わらないのが普通である）、どちらか

4.7 その他の給付　　117

といえば介護のための体制をコーディネートする期間が想定されているためである。〔なお介護休業については、より柔軟な取得ができるような見直しの検討が予定されている。〕

また高年齢雇用継続給付は、60〜65歳未満の被保険者について、賃金が下がっても雇用が維持された場合、賃金の一定率〔15％まで〕が給付される。

このあたりは、むしろ事業主から従業員への給付ないし賃金を雇用保険がバックアップ・肩代わりしているというイメージである（図⑬。1.4でみた賠償責任保険、ないしは次で扱う労災保険（5.）のイメージに近いものとしても理解できる）。いずれも従業員側には離職を防止し、事業主側には雇用を続けさせる方向に作用するものといえる。

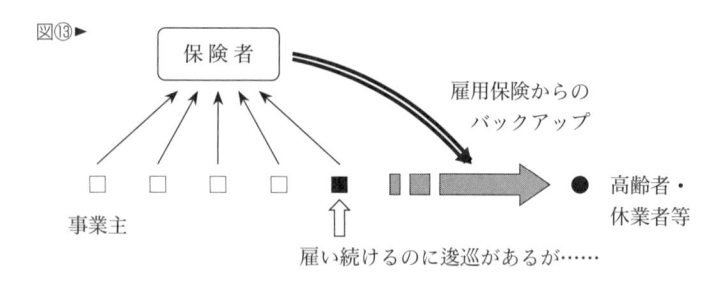

図⑬▶

保険者

雇用保険からの
バックアップ

事業主

雇い続けるのに逡巡があるが……

高齢者・
休業者等

4.8 雇用保険二事業、求職者支援制度

これらとは別に、4.3の保険料のところでもみたように、雇用保険二事業（雇用安定事業、能力開発事業）というものがあり、具体的には雇用調整助成金（事業活動縮小時にも従業員の雇用を維持した場合などに助成）や職業訓練への助成などである。

そしてそのための保険料率があって、事業主だけが負担している〔0.35％〕。これは事業の給付が事業主自身に戻ってくるものが

多いことが関係している。つまり4.7の整理ではＣタイプの給付に近いが、労働者ではなく、主として事業主に給付するもので、いいかえれば労働者は、この部分の保険関係の当事者に入ってこないものといえる（図⑭）。

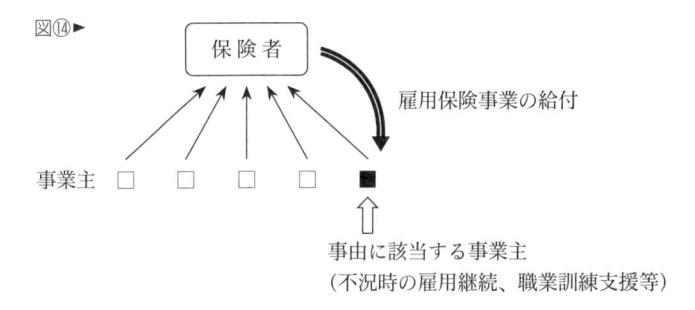

図⑭

```
           保 険 者
          ↗ ↑ ↑ ↖
                        雇用保険事業の給付
事業主 □  □  □  □  ■
                  ↑
          事由に該当する事業主
          (不況時の雇用継続、職業訓練支援等)
```

《求職者支援制度》

さらにこれらとは別に、2011年から求職者支援制度がスタートしている。これは雇用保険制度を利用できない場合に、一定の要件のもとで生活費の支給を受けながら、職業訓練などを受講できるというものである。その内容は雇用保険法とは別の法律（職業訓練の実施等による特定求職者の就職の支援に関する法律）により定められている。

具体的には失業給付の期間が切れてしまった場合や、逆に一度も就職できなかったときも含めて雇用保険に加入していなかった場合などに、一定の要件（本人・世帯の収入・資産等）のもとで利用できる。

この制度のもとでは、生活費の支給があわせて行われることから、これにより安心して職業訓練に集中できる点に意義がある。もっとも逆にいえば、生活を保障された上で職業訓練を受けられるというういわば「丸抱え」であり、安易な制度利用の懸念も否定できない。

4.8 雇用保険二事業、求職者支援制度

● **Coffee break** ● 雇用は結婚とやはり似ている

4.2の【coffee break】では、雇用保険全般を、結婚・離婚の比喩で考えてみると分かりやすい、と書いた。ここまでいろいろな給付の種類をみたところで、もう一度、結婚・離婚になぞらえてみてみたい。

4.7の図⑪のAタイプの失業時の保障が、いわば離婚の際の慰謝料のようなものだとすると、Bタイプの再び職を得るための給付は、一度離婚してしまった人が、何とか再婚するための手助けのようなものということになる。そういえば熟年婚活ツアーというのもテレビで見たことがあるし、再婚のための「教育訓練講座」があっても不思議ではない。

すると、Cタイプの職を続けるための給付は、離婚されそうな人が、なんとか結婚を続けるための手助けのようなものということになる。そういえば妻に愛想を尽かされないためのノウハウというのもテレビでよくやっている（どうもテレビの見過ぎである）。夫が定年になったとたんに離婚話が出るとか、妻が妊娠している間に夫が浮気に走るとか、相手が精神病になったときに離婚が認められるかどうかとか、状況としても何やら共通するところがある。

やはり細かくみればみるほど、似ているような気がする。

すると、結婚する前の「婚活」に対応する給付はあるのか？ 雇用保険法はあくまで被保険者が対象となるので、正面からはそのような給付は行われていないが、最後にふれた求職者支援制度をはじめ、そもそも一度も職を得られない人たちへの政策対応も、ないわけではないし、むしろ近時は重視されている。

5. 労災保険(労働者災害補償保険)

5.1 労災保険の基本的な仕組み

　労災保険は、仕事上の事故や病気などに際して給付を行う仕組みであり、正式名称は「労働者災害補償保険」という。長い名称だが、労働者の災害を補償する保険制度、という意味である。この補償という言葉には、「保障」とは違って、損失を穴埋めするというニュアンスがある。法律としては労働者災害補償保険法で規定されている。

　この労災保険も、雇用保険とともに、労働保険のひとつである。すなわち全国民が対象というわけではなく、基本的に雇用されている人だけが対象となる。

　もちろん自分で仕事や商売をしている人だって、その間に病気やケガには遭う。しかし対象が基本的に労働者だけとなっているのは、次(**5.2**)にみるような成り立ちだからである。

　また逆に、病気やケガということであれば、医療保険(2.で扱った)がある。しかしなぜ、労災保険が別にあるかといえば、やはり次(**5.2**)に述べる事情のためであり、またそのこともあって、給付が非常に手厚い。だからこそ労災認定されるかどうかが、しばしば争われることにもなる。

　たとえば(というには極端な例だが)人が自殺した場合、医療保険からはせいぜい埋葬料がでるくらいである。民間の生命保険では、免責事由に該当して何も支払われないかもしれない。しかしこれが会社の過重な労働やパワハラにより自殺したと認定されれば、仕事の上での事故(業務災害)ということになって、労災保険からは少なからぬ遺族補償年金などが給付されるのである(**5.5**で改めて扱う)。

5.2 労災保険が対象とする業務災害リスクとは

そこで改めて労災保険のモデルを描いてみると、基本的に病気やケガということなので、医療保険に準じた形だとすれば、図①のイメージになるように思える。

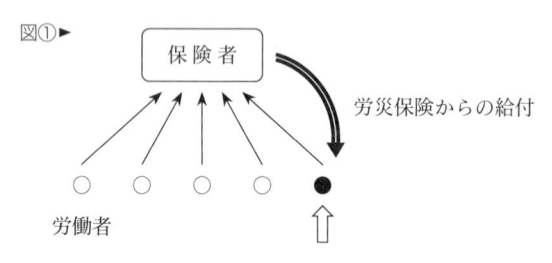

図①▶

```
          保険者
        ↗ ↑ ↑ ↖        労災保険からの給付
       ○ ○ ○ ○ ●
      労働者            ⇧
                    業務災害（仕事上の病気やケガ）
```

すなわち労働者が一定の確率で起きる業務災害に備えて、保険料を払っておくという図式である。しかし実際にはこれとは異なる。保険料も、労働者は負担していない。

労災保険で、「まず」あるのは、事業主から従業員に対する、災害の補償責任である（図②）。

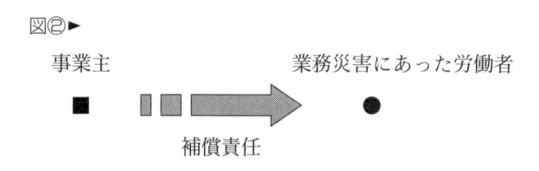

図②▶

```
事業主              業務災害にあった労働者
 ■    ▭ ━━━▶         ●
         補償責任
```

これは、労働者を雇う事業主は、その労働者の仕事に伴う病気やケガに対しては、責任を負うべきだという考え方に基づく。たとえば労働者が会社のために、危険な作業をして、業務災害に遭ったということであれば、そういう作業を命じた会社がその治療費等を負担するのは当然だということである。

もっともこれは、事業主が必ずしも「悪い」という意味ではない。たとえば鉱山が崩れて炭鉱労働者が事故に遭ったという場合、それは自然状態にも関わり、事業主としても防ぎようがない事故だったかもしれない。

　それでもそのような労働者のおかげで会社は成り立っているわけだし、また法的な過失は証明できないまでも、事故対策や健康管理など何か対応が取れるとしたら、それは事業主側であったといえる。そこで、これを事業主側の補償責任と構成して、保険でカバーするという方法が考えられるわけである（これはもともと労働基準法が補償責任を定めていて、それを保険化したものでもある）。

　これを受けて事業主が、そのような潜在的な賠償リスクを保険によってカバーする仕組みとして、労災保険が作られている。だから保険料は、事業主がその全額を負担している（図③）。

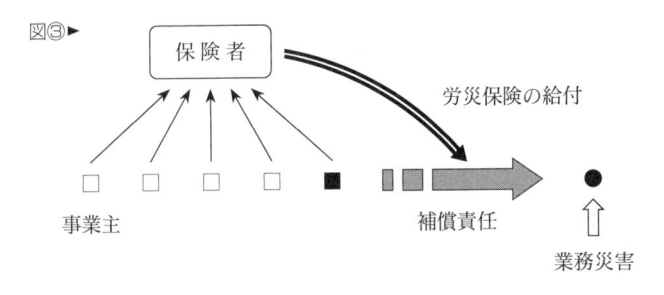

図③

　なおここまでもふれてきたように、医療保険や公的年金、雇用保険にしても、実はもともとはこういうもので、すなわち事業主から従業員への給付を、保険で準備しているものだとみる余地はある（**1.4**参照）。これらでは保険料は労使折半であることが多いが、事業主が拠出している意味をその点に見出すことは可能であろう。

5.2 労災保険が対象とする業務災害リスクとは

《自動車事故とのパラレル》

　ちなみに以上の点は、身近なイメージとしては、自動車事故に伴う賠償責任に近い。まったく同じではないのだが、自賠責保険をイメージすると、労災保険の保険料や給付について、理解しやすくなるだろう（自賠責保険については1.4でも扱ったが、改めてここでみてみたい）。

　すなわち図④のイメージである。

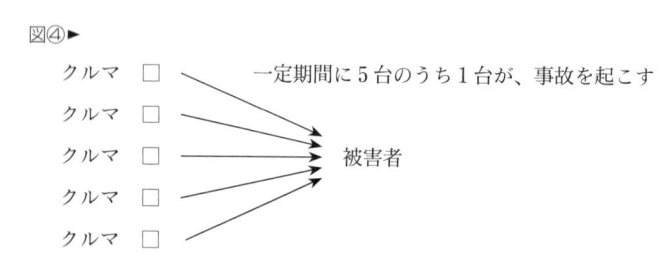

図④▶

```
クルマ  □ ＼   一定期間に５台のうち１台が、事故を起こす
クルマ  □ ＼
クルマ  □ ──→ 被害者
クルマ  □ ／
クルマ  □ ／
```

　どのクルマかは分からないが、いずれかのクルマが一定期間のうちに、人を轢いてしまうことが想定される。もちろん被害者側も、「誰が」被害者になるかは分からないのだが、ここでは５台に１台が、「誰かしら」を轢いてしまうという交通事故を想定する。するとそのドライバーから被害者への賠償責任が生じる（図⑤）。

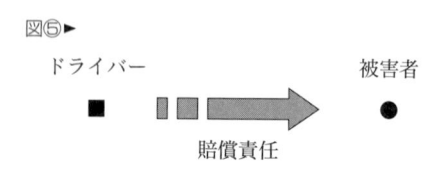

図⑤▶

```
ドライバー                    被害者
   ■      ▬ ▬ ▬▶          ●
           賠償責任
```

　そこでそのような事態に備えて、あらかじめこの５台すべてのクルマのドライバーが保険に入っておく。そして実際に事故を起こしてしまった１台が負う賠償責任を、保険でカバーする。これが自賠責保険である。

これらの当事者関係を1つにまとめると、図⑥のようになる。これは労災保険と基本的に同じ構図である。

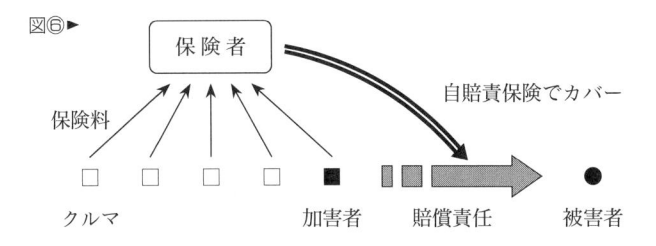

図⑥▶

保険者

保険料

自賠責保険でカバー

クルマ　　　　　加害者　賠償責任　　被害者

なお「賠償」というと、行為者に法的責任があるニュアンスになるが、労災保険で「補償」と称しているのは、すでにふれたように、行為者側は必ずしも悪くないとしても、被害が生じている以上、それを埋め合わせるというイメージでもある。憲法29条3項の「損失補償」がその典型例である（たとえばダム建設のための土地収用の際の補償。収容する側が、別に「悪い」わけではない）。

ちなみにこの考え方からすると、この仕組みの他の領域への応用可能性も示唆される。たとえば医療過誤について、フランスやスウェーデンでは社会保険に似た形で対応が行われており、日本でも新生児の重度脳性まひに関して、産科医療補償制度がスタートしている（2009年〜）。

5.3　対象（事業主、労働者）と保険者

以上を踏まえて、労災保険の当事者と財源について、図③に沿ってみておきたい。保険料についてはやや複雑なので、次（**5.4**）で扱う。

《対象となる事業主、労働者》
基本的にすべての事業主、従業員が対象となる。労働者であれ

ば、パートタイマーや外国人なども対象となる（なお労働者は、本来的に補償責任の「対象」であり、保険料を負担しないこともあり、労災保険法では「被保険者」という表現は用いていない）。

また自営業者や中小事業主なども、一部は特別加入という形で対象となっている。公務員は別の法律（国家・地方公務員災害補償法）があり、対象とならない。

《運営と財源構造》

労災保険は、国が単独で保険者として運営している。具体的な事務や労災認定は、労働基準監督署が行う。

労災保険の財源については、公費による給付費の負担はなく、事業主が支払う保険料で運営されている。

5.4　保 険 料

労災保険の保険料は、「賃金×料率」で算定されるという点では他の社会保険（被用者保険）と同じである。しかし以下のように、他の社会保険とは大きく異なる特徴がある。

(ア) 保険料がすべて事業主負担である

なぜそうなのかは、すでに説明した (5.2)。この点は、他の社会保険と大きく異なる。

自賠責保険でいえば、それに潜在的な被害者ではなくドライバー側が加入するのは、ごく自然なこととして理解できよう。

ただしこの点についてはあとでふれるように、「結局同じではないか」との議論がある。

(イ) 保険料率が、業種によって異なっている

これも他の社会保険ではみられない特徴で、労災保険では危険

度が高い業種、業務災害が起こりやすい業種では、保険料率を高く設定している。そうでないと不公平になってしまうからである。

モデル的に説明すれば、他の社会保険では、基本的に以下のように事故発生リスクが同等だと想定して、保険料を定めている（図⑦。**1.1**のシンプルなモデルそのものである）。

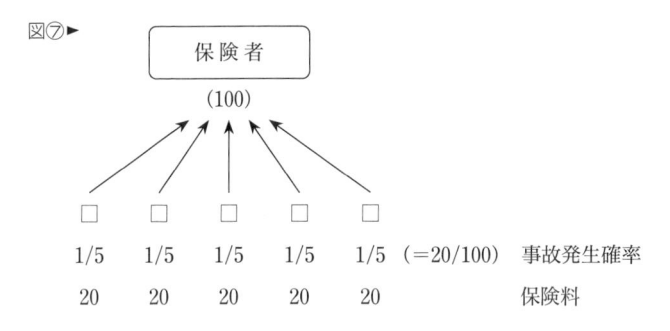

図⑦▶

```
         保険者
         (100)
          ↑
   ↗ ↗ ↑ ↖ ↖
   □   □   □   □   □
  1/5  1/5  1/5  1/5  1/5  （＝20/100）  事故発生確率
   20   20   20   20   20               保険料
```

しかし発生確率に明らかに高低があれば、それに見合った保険料とするのが公平である（図⑧）。

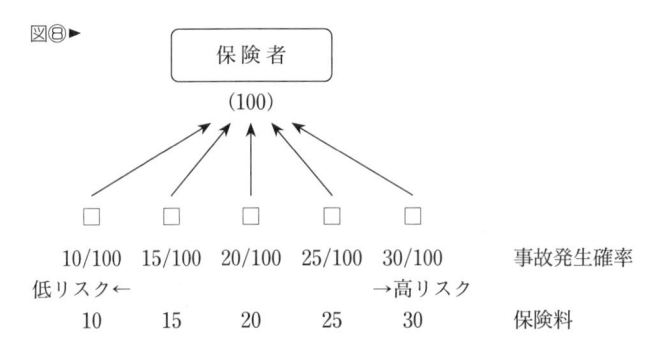

図⑧▶

```
          保険者
          (100)
           ↑
    ↗ ↗ ↑ ↖ ↖
    □    □    □    □    □
  10/100 15/100 20/100 25/100 30/100   事故発生確率
  低リスク←              →高リスク
    10    15    20    25    30        保険料
```

このように、各事業の危険度に応じて保険料は設定される。
〔具体的には54の業種で、0.25〜8.8％に細かく分けられている。〕

この点も、自動車保険などと同様の考え方である。たとえばトラックのように大きな事故を起こす可能性があると、自動車保険

の保険料率も高くなっている。

(ウ) 事故の発生率により、以後の保険料率が上下する

これをメリット制といって、やはり労災保険に独自の仕組みである。すなわち事故が多く発生すると、保険料が上がり、逆であれば保険料が下がる。過去3年の実績をもとに40％の範囲で料率が上下する。

この点もただちに、自動車保険と一緒であることに気付くだろう。事故を起こすと、自動車保険でも翌年の保険料が跳ね上がる。

このような仕組みにしておけば、事業主が「別に事故が起きてもいいや。どうせ保険がおりるから」などと考えたりしないし、逆に事故を起こさないように努力する（安全対策や健康管理を重視する）ことが期待できる。何しろ保険料の負担は、もっぱら事業主だからである。

ただこの仕組みは、別の問題を引き起こす可能性がある。すなわち業務災害が発覚すると、このように保険料が上がってしまうので、事故などを労災保険ではなく医療保険の方で処理しようとすることがある（「労災かくし」といわれる）。

(((クローズアップ))) 事業主負担の意味

保険料をもっぱら事業主が負担することついては、実は「意味がない」、「結局同じだ」という指摘がある。

つまり、もし経営的な観点から、全体としての人件費の総枠があらかじめ決まっているとすれば、仮に社会保険料が全額事業主負担なら、「その分、給料を減らす」しかないし（そうでないと会社の損失になる）、逆に全額が従業員負担になったならば、「その分、給料を増やす」ことになる（そうでないと実質賃金が低くなって、従業員が流失してしまう）ということである。

もしそのように自動的に「調整」が働くのであれば、保険料の総額が同じである限り、保険料を誰がどういう割合で負担しても、

結果は変わらないことになる。つまり労災保険に限らず社会保険全般について、何割が事業主負担で、何割が従業員負担で、ということを論じる意味自体がなくなることになる。

ただ、長期的にはそうだとしても、そのような「調整」には時間がかかるし、労働市場にせよ、商品市場にせよ、完全競争で動いているわけではない点には留意を要する。消費税の転嫁などと似たような話でもあろう。

● Coffee break ● メリット制の誘惑

保険料のメリット制という仕組みは、労災保険以外の制度の設計を考えるにあたっても、なかなか魅力的である。「あまり保険事故が多いと、保険料が上がってしまうぞ」というシグナルを送ることで、国民を「適切な方向」に誘導することができそうだからである。

たとえばみずからの不規則な生活習慣が病気を招いて、医療費をたくさん使っているときに、以後の保険料を高くするとか（民間保険では喫煙者の保険料が高く設定されることがあるし、喫煙による肺がんでは医療費自体を本人に負担させるべきだとの主張もある）、あるいは子どもがいない世帯は、年金財政への貢献が少ないことになるので、年金保険料を高くするとか（ドイツに例がある）、いろいろなアイディアの素地となる。

つまりメリット制によって、被保険者の自己責任と、金銭的な負担とのバランスをとれる感じがするのである。

ただ、このような本人の行動と、保険事故の発生との因果関係は、判定が難しい。保険事故の発生に、本人に責任があるとは限らないし、本人の努力で保険事故を回避できるかどうかも定かではない。タバコを吸わなくても肺がんになることはあるし、子どもを事故でなくしたら翌年から年金の保険料が上がるなどということになったらゾッとする（5.6の【coffee break】も参照）。

逆に、本当に本人に固有・直接の責任があるのであれば、保険給付をしないとか、給付を削減するという手段もありうる（たと

えば健康保険法116条などの故意免責)。しかし少なくとも労災保険では、普通はほとんどの場合、被害者に「罪は無い」ので、給付を削減するわけにはいかない。

　労災保険は、補償責任をもとに構成されており、保険料負担は事業主のみで、しかもかなり保険料率に幅があり、さらに個別ではなく集合現象として事故の多い/少ないが判定される点に特殊性がある。だから、保険料のメリット制はむしろ労災保険でしか採りづらいし、逆に労災保険では（給付の制限ではなく）メリット制という手法しか採りづらいというところもあろう。

5.5　労災保険の保険給付

　労災保険の対象となる業務災害だと認定された場合（この認定については次の5.6で扱う）、いろいろな種類の給付がある。これを図⑨の左側に列挙してみた。

　これらはひとことでいえば、手厚い。同じ病気やケガであっても、労災保険ではこのように手厚いからこそ、事故等に遭った側では、労災認定されるように働きかけることになるわけである。

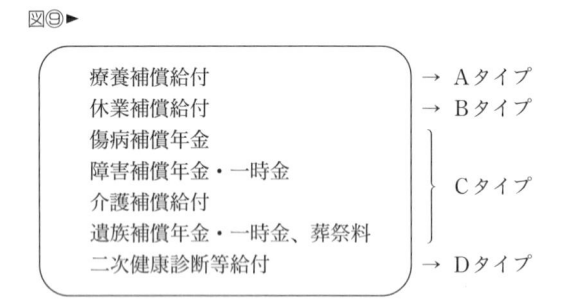

図⑨▶

療養補償給付	→ Aタイプ
休業補償給付	→ Bタイプ
傷病補償年金	
障害補償年金・一時金	
介護補償給付	Cタイプ
遺族補償年金・一時金、葬祭料	
二次健康診断等給付	→ Dタイプ

　しかしこのように多くの種類があると、「何が何やら」ということになりかねない。もちろんそれぞれの給付に大きな意味があ

るのだが、ここではこれまでみてきた他の社会保険との関係も踏まえながら、給付種類を思いきって図❾の右側のようにA〜Dにタイプ分けして位置づけていきたい。

《交通事故での損害イメージ》

さらにその手がかりとして、たとえば人が交通事故に遭うと、どのような損害が発生するのかというところからイメージしてみたい。ここでも自動車事故に遭った場合と並べてみることが、労災保険の理解に役に立つと思う。

そのような場合、まず医療機関での治療費が確実に発生する。交通事故に遭わなければ、かからなかった費用である。これをAタイプとする。

これに加えて、事故で仕事が出来ない間、収入が失われる。交通事故に遭わなければ、毎日働くことで確実に得られた収入が、入ってこなくなる。これをBタイプとする。

このように、いわば積極的にマイナスになるという損害（Aタイプ：積極的損害）と、プラスになるはずがゼロになってしまい、いわば消極的にマイナスになるという損害（Bタイプ：消極的損害）とが発生する。

ただ、この中間的な領域がある。たとえば事故により重傷を負って、治療して退院したあとも症状が残る場合がある（端的には義足になった場合など）。このとき、一方ではその残った障害により、いろいろ不便があって費用の支出が生じるし、他方ではそのことにより仕事が前と同じようにはできなくなると、得られる収入も減少することが考えられる。

さらに長期的に療養することになったり、死んでしまったりということもありうる。

これらの場合、いわば積極的損害（Aタイプ）と消極的損害（Bタイプ）とが混ざり合ったような損害が発生する。これをCタイ

プとしたい。

　これらをまとめると、図⑩のように位置づけることができる。

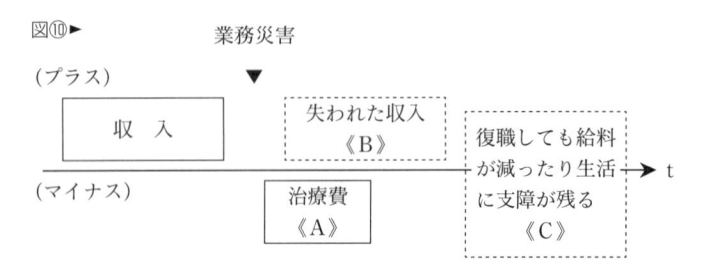

図⑩▶

```
                        業務災害
 (プラス)                  ▼
  ┌─────────────┐    ┌──────────┐  ┌──────────────┐
  │             │    │失われた収入│  │復職しても給料│
  │   収　入    │    │  《B》   │  │が減ったり生活│
  │             │    └──────────┘  │に支障が残る　│→ t
  └─────────────┘                   │　　《C》　　 │
                    ┌──────────┐   └──────────────┘
 (マイナス)          │ 治療費   │
                    │  《A》   │
                    └──────────┘
```

《労災保険の各給付の位置づけ》

　これに労災保険のそれぞれの給付（図⑨）を当てはめてみると、「療養補償給付」は、医療機関での治療費をカバーするものであり、Aタイプにあたる。「休業補償給付」は、Bタイプにあたる。「傷病補償年金」等々は、Cタイプにあたるとみることができる。

　そこでまずAタイプの「療養補償給付」をみると、治療費等のカバー（労災保険法13条では「療養の給付」ないし「療養の費用の支給」）なので、仕組みは医療保険とほぼ同様なのだが、給付内容に大きな違いがある。すなわち治療費が全額カバーされ、窓口負担がないのである（通勤災害では200円だけを負担）。このとき費用はあとで償還されるが、労災病院（勤労者の早期職場復帰、健康確保のために運営されている〔全国34箇所〕）であれば現物給付される。

　これだけでも大きな違いだといえる。たとえば同じように階段で転んで大ケガをしたとしても、それが仕事や通勤とも関係ない場面であれば、医療機関で３割負担となるのに対して、仕事中の転倒であれば、労災保険が適用されて、ごく少額の負担だけで医療機関にかかれるのである（通勤途中でも同様。**5.6**参照）。

　次のＢ・Ｃタイプは、ひとつながりのものとみることもできるが、一応分けてみていく。

まずBタイプの「休業補償給付」としては、業務災害の療養のため、賃金を得られなくなったときに、従前（過去3ヶ月）の賃金（1日あたりの平均賃金である給付基礎日額）の約8割（本則の6割に加えて特別支給金として2割）が、休業4日目から補償される（3日目までは労働基準法により事業主が補償する）。これはすでにふれた消極的損害である、「得られるはずだった（失われた）収入」をカバーするという趣旨である。

そして介護保険のところでもふれたが（**3.2**参照）、病気やケガに際して、治療によって完全に「元に戻る」こともあるが、傷病が長引くこともあるし、完全には元に戻らずに障害が残ることもある（図⑪）。さらには死んでしまうこともある。Cタイプの給付は、これらに対応した給付種類ということになる。

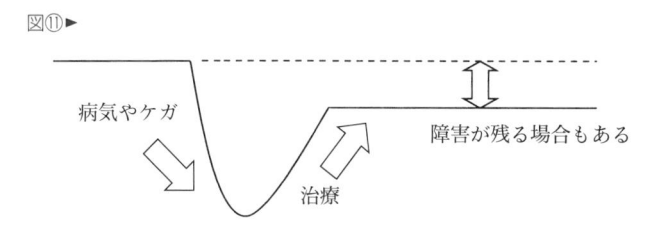

図⑪▶

病気やケガ　　　　　治療　　　障害が残る場合もある

すなわち「障害補償給付（年金・一時金）」は傷病が直ったが、障害が残った場合に給付される。その障害の分だけ、治癒した後も、得られる収入にいわば制約がかかると考えることができよう。それぞれ障害の程度に応じて、年金や一時金が支給される。

またCタイプのバリエーションとして、「傷病補償年金」があり、これは1年半経過しても傷病が直らない場合に（休業補償給付の期間を過ぎてしまうが）、傷病の程度に応じて年金が支給されるというものである。これはかつては「打ち切り補償」として一時金が支給されていたものである。

これに対して業務災害により死亡してしまった場合は、「遺族

補償給付（年金・一時金）」が給付される。大きなケガであれば、多くの治療費がかかるところ、死んでしまうとそのような積極的な損害はむしろ発生しないともいえるが、逆に収入は永遠に失われるわけで、それらを勘案して遺族への給付が行われる（遺族の数に応じて、給付基礎日額の153～245日分など）。

さらに「介護補償給付」もある。これは業務災害により要介護状態になったときの給付であり、やはりCタイプのバリエーションといえる。

これらの給付水準は、各人の従前の賃金、そして保険料の水準と連動していることになる。逆にいえば「ニーズ」の強弱だけで決まるわけではない。

なお休業補償や年金については、支給額に賃金スライドが適用される（スライド制については公的年金のところ（**6.11**参照）で再度取り上げる）。

またこれらとは別に、いわばDタイプとして、二次健診等給付というものがある。これは、定期健診での診断に応じて行う二次診断や保健指導の給付であり、将来の業務災害を予防する役割を果たす（「二次健診等給付」という呼称につき、次の「社会復帰促進等事業」とあわせて、**4.3**の【coffee break】を参照）。

《社会復帰促進等事業》

上記とはさらに別に、労災保険事業として社会復帰促進等事業と呼ばれるものがある。

これは雇用保険における雇用安定事業等の「雇用保険二事業」（**4.8**参照）と類した形で、事故があった際の給付に限らず、幅広い事業を行うものであり、リハビリ等の社会復帰を促進する事業、労災病院の設置運営、健康診断の助成などが行われている。

またこのなかで、特別支給金というものがあり、これは業務災害に際して給付に実質的な上乗せを行うものとなっている。たと

えば休業補償給付では、すでにふれたように、従前の平均賃金の60％に加えて20％がこれによって上乗せされるので、その役割は大きい。

5.6 業務災害の労災認定

このように労災保険の給付は手厚いので、事故や病気に際して、それが労災保険の対象となるか、つまり業務災害として認められるかどうかは大きな分かれ道となる。しばしば労災認定を争って、裁判まで提起されるのは、そのためである。

しかし、それが「業務上の」ケガや病気であるかどうかの判定は、なかなか難しい。一般的には、業務遂行性（事業主の支配・管理下で起きたこと）と、業務起因性（業務によって引き起こされたこと）が実務的な要件とされているが（図⑫）、微妙な判定となるので、きわめて多くの事例がある。

図⑫▶

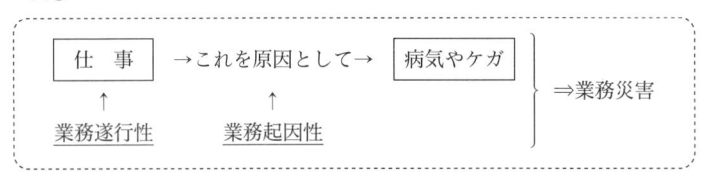

```
┌─────────────────────────────────────────────┐
│  仕 事  →これを原因として→  病気やケガ    ⇒業務災害
│   ↑              ↑                           │
│ 業務遂行性    業務起因性                      │
└─────────────────────────────────────────────┘
```

図⑫の左側の「業務遂行性」については、病気やケガの原因が、仕事中のことであったかどうかが問題となる。これはとくに仕事とプライベートの中間的な時間の過ごし方のときに難問となる。たとえば会社の懇親会とか、接待ゴルフの際の事故などであり、それぞれの具体的なケースによって、微妙な判断となる。また次に述べる通勤途上に当たるかどうかも、この系統の判断場面といえる。

右側の「業務起因性」については、仕事がその病気やケガの原

因なのかどうかが問題となる。一瞬の事故でもそうだが、とくに病気に関しては、仕事がその原因かどうかを特定するのは難しい。たとえば「重労働で、腰痛になった」というのは証明できそうだが、しかしずっと座っているだけでも腰痛になったりするからである。

結局のところ、人間は一日のなかでも、仕事とプライベートと両方の時間を過ごしているわけで、必ずしも単一の原因ではなく、いろいろな要因が重なって病気やケガになるので、そこで労災認定を行うのが難しいのは当然ではある。ただ、たとえば鉱山事故のように非常に典型的な業務災害があるなかで、それをどこまで拡張するか、実務的には類例をみながら判断されているものといえる。

たとえばアスベスト（石綿）問題については、やはり労災認定が難しく、別途の立法措置（石綿健康被害救済法）がとられた（2006年）。このことは逆説的に、一般的な労災の認定基準だけではなかなか捌ききれないことを示しているのではなかろうか。

なお2011年の東日本大震災による津波等の被害については、仕事とは関係のない天災による被害であるが、そのように危険な場所で仕事をしていたこと自体に着目して労災認定がされている。このことは被害者救済という点では望ましいといえようが、家で普通に過ごしていれば労災保険は適用されないので、あのように大規模な地震や津波を前に、そのときたまたま仕事をしていたかどうかで取り扱いを変えることへの疑問もあろう。

《事例：仕事のやり方をめぐるけんか》

労災認定については無数の事例があるが、ひとつだけ裁判例を紹介したい。これは仕事の上での喧嘩により、片方が死んでしまったとき、労災になるかどうかという事例で、最高裁まで争われた。

具体的には大工同士の仕事のやり方（仮枠の梁の間隔）を巡って「外に出ろ」ということになり、挑発された方が玄能（トンカチ）で相手の頭部を殴打して、相手方が死亡したという事案であったが、最高裁昭和49・9・2判決では、話の発端は仕事のことであっても、全体としてみれば、けんかは「業務」ではなく、「業務上死亡」には当たらないとして、労災とは認めなかった。

　ちなみにこの事案は、もともとの労働基準監督署の認定に対して、審査請求、再審査請求、地裁、高裁、最高裁と、全部で5回も争われる（しかも途中、地裁で一度は労災と認められながら、最後には否定された）という壮絶な過程をたどったものであった。

《通勤災害》

　労災保険では、通勤途上の災害についても、業務災害とほぼ同様の補償対象としている（給付の名称は「療養給付」等、図⑤の各給付の名称から「補償」の語をとったものとなる）。

　たとえば会社員が通勤中に列車事故に遭えば、別に列車の運行は、その会社とは関係がないが、労災保険の対象となる。それはその会社員は、もっぱら会社で仕事をするために、その通勤途上にいたからである。

　したがって、これまたその「通勤途上」の範囲がしばしば争われる。たとえば会社に行く途中や会社から帰る途中で、あまり余計な寄り道をしている際に事故に遭ったりすると、通勤災害とならないことになる。

《事例：泥酔しての通勤時の事故》

　通勤災害にあたるかどうかについても無数の事例があるが、ひとつだけ裁判例を紹介したい。これは職場で会議のあと、そのまま五月雨的に会議室で宴会になって、泥酔して帰宅途中に、地下鉄の階段から転落して死亡したという悲惨な事案である。

これは「通常の通勤経路」ではあるが、通常の通勤形態ではないともいえる。何ともいえないところではあり、一審と二審でも判断は分かれた。

　ただ労災保険も保険である以上、一定の危険率、保険事故の発生確率を前提に保険料を算出しているのであり、泥酔して通勤する状態は想定していない（泥酔していれば、当然事故の発生確率は上がるはずである）。だとすれば、労災保険でカバーするのはちょっと無理ではないかという印象はある。

　もっとも本件では会議室での宴会というのが、仕事の延長でもあったようであり、そこがますます悩ましいところだった。二審の判決（東京高裁平成20・6・25判決）では、午後7時頃までは会合に「業務性」があったという事実認定までされている。逆にいえば、それ以降はただの宴会になったということでもあろう。

《うつ病、過労死、自殺等の労災認定》

　労災保険の業務認定に関して、今日的に深刻で、争いや報道も多いのは、重労働に伴う過労死や自殺であり、またうつ病などの精神疾患である。これらが複合的に問題となるケースも多い。

　これらの問題が厄介なのは、同じ職場や環境でも、人によってその帰結が異なる点にある。つまり同じような「厳しい仕事」であっても、スイスイとこなす人、また要領よく逃げる人などもいるし、逆に深刻に受け止めて、とことん残業したり、心を病む人もいる。さらにもっと軽い仕事であっても、うまくいかずに悩む人もいる。

　同様に、同じ「上司の叱責」であっても、「いじめ・憎悪」と受け止める人から、やたらポジティブに「励まし・期待のあらわれ」と受け止める人まで、反応はさまざまである。

　加えて仕事以外の要因も、人の行動には影響をもたらす。たとえばプライベートでも悩みがあるときに、仕事もうまくいかない

と、不測の事態を生じやすい。

そもそも仕事の内容は人によって違うので、比較自体も難しい。さらに心筋梗塞などは、仕事のストレスによっても引き起こされるが、仕事とまったく関係なく発生することもしばしばある。

たとえば精神疾患の労災認定に関しては、実務的には膨大な類例から判定の手がかりとなる認定基準やフローチャートが公表されている。

これらのメンタルな問題は、保険の仕組みが前提としている近代的な人間像とはやや異なる要素であるために、その取り扱いが通常の保険の運営とはうまく整合せず、大きな難問だといえる。政策的には、保険料に本人拠出も加えることにより、給付範囲も広げて、幅広い救済を図るべきだという主張もある。

この問題に限らず、労災認定をめぐっては多数の事例があり、それがしばしば法的紛争にまでなって、法解釈論の格好の題材にもなっている。しかしそれは当事者にとっては、労災認定されるかどうかの予測可能性が乏しいということでもあり、必ずしも望ましい状態とは思われない。

● **Coffee break** ●　因果関係の判定は難しい

たとえば集団食中毒が起きた時には、原因調査によって、特定の食材が原因（X）だと突き止められる。そこではその食材を口にした人は、かなりの確率で中毒（Y）になるし、逆にそれを口にしなかった人は、少なくともその時点では食中毒にはならない。

Xが存在 ──→ Yが発生

Xが不存在 ┈┈→ Yが不発生

労災保険でも、ある事象（X）が、業務災害（Y）をもたらしたかどうかが問題となり、その因果関係の有無が判断される（①）。たとえばXが過重労働やパワハラであり、Yが自殺や心筋梗塞やうつ病である。

しかしこれらに関しては、往々にしてXがあってもYが発生しないことは多い（②）。また逆にXがなくても、Yが発生することが（少なくとも一般論としては）少なくない（③）。

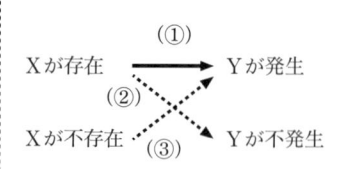

```
            （①）
X が存在 ──────→ Y が発生
        ＼（②）
         ╳
        ／（③）
X が不存在 ‥‥‥→ Y が不発生
```

このように労災保険では、「業務を原因として」というときの原因、因果関係の判断が、大変難しい。とりわけ業務上の疾病は、一瞬での事故と異なり、徐々に病気になっていく性格から、ますます判定が微妙になる。メンタルな問題は眼に見えないし、自殺の場合は本人が死んでしまっているので、後から調べられる範囲や事情が限られる。

ヒュームやスピノザなどの哲学者も議論しているとおり、物事の「本当の因果関係」というのは、いくら調べても分からないところがあり、厳密な意味での因果関係の判定は不可能で、どのみち一定の割り切りをもとに判定するしかないともいえる。その際には、上記の①の部分にだけ眼を向けるのではなく、②や③の発生確率との関係を考えることが大きな手がかりとなるのではないかと思う。

6. 公的年金

6.1 公的年金の基本的な仕組み

　公的年金とは、主に老齢の際の所得保障を行う仕組みである。そしてこの公的年金は、日本の5つの社会保険のひとつであり、金額的な規模としては最大のものである。

　社会保険ということは、これまでみてきたような図式に当てはまるはずだが、(次の**6.2**でみるように)とくにリスクのあり方が異なることもあって、そもそも年金の本質にかかわる議論は錯綜している。

　この点で、年金とは何かを「とてもシンプルに」説明することは不可能ではない。たとえば「高齢者への仕送り」とか逆に「老後のための積み立て」というように。しかしそのように「とてもシンプルに」一言で決め付けると、取り逃がすものも大きくなってしまう。

　だからここではとりあえず公的年金とは、老齢になって、収入を得られなく(所得を稼げなく)なった際に備える社会保険であるとだけしておいて、個々の内容をみていきたい(図①)。

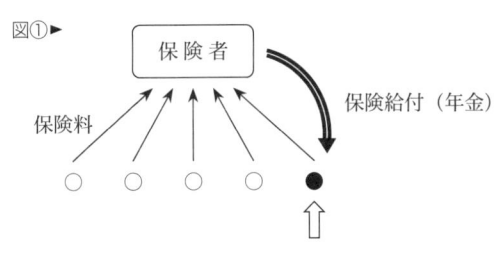

図①

6.2　公的年金が対象とするリスクとは
——稼得能力喪失（・低下）リスク

　公的年金については、このように老齢が基本的な「保険事故」である（国民年金法1条、厚生年金保険法1条）。

　もちろんただちに疑問を免れないだろう。すなわち老齢は、これまでの社会保険のような「偶然のリスク」ではなくて、年をとれば必然的に起こる事象ではないか、という疑問である。

　それはその通りなのだが、ここでは単に老齢ということではなく、それに伴って「所得を稼ぐ力が失われる」ないしは「稼ぐ力が低下する」ことを、リスクの内実と考えるのが、一応標準的な説明である。これを「稼得能力の喪失（低下）リスク」と呼ぶ。

　公的年金は、このリスクに対応しているものといえる（図㋑）。

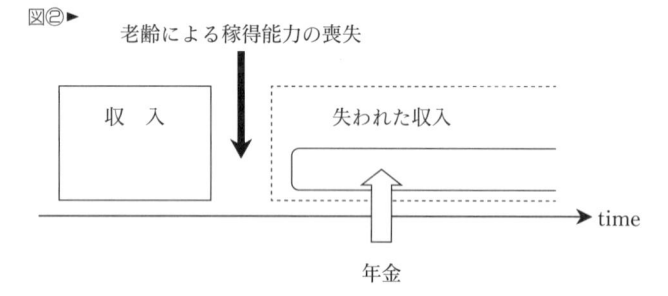

図㋑▶

老齢による稼得能力の喪失

　もちろん所得を稼ぐ力は、年齢によって一律に失われるものではないが、個々に「稼げるかどうか」を判定するのも難しいので、近似値的に、たとえば65歳で一律に「稼ぐ力が失われた」とみなしているわけである（この点については、たとえばイギリスでもベヴァリッジ報告の時代から、年金は「引退年金」なのか、「老齢年金」なのかという形で議論されていた。雇用との関係については**6.10**で扱う）。

　しかしそういうリスクだとすると、逆にこれは老齢期に限らず、

現役期にも想定できる。たとえば交通事故によって働けなくなった場合などである。あるいは本人に限らず、世帯の稼ぎ手を失った場合にはその累は家族にも及び、いいかえれば家族構成員全員にとってもリスクだといえる。

このようにみると公的年金も、一定のリスクに備えて、対象者全員が加入して保険料を払っておいて、保険事故が発生したらそれを受け取るという社会保険の仕組みの1つとして位置づけることができる。あらかじめ支払った金額と、保険給付とがリスクを介して結びついているのである。

なお傷病による一時的な収入の中断には、医療保険の傷病手当金が対応している（**2.9**参照）。だから年金は、いわば長期的・永続的な収入の途絶を対象にしたものだといえる。

《長期保険のモデルによる説明》

これらのことをモデル的には、以下のように説明できる。

すなわち若年・中年時（就労期前半）には、多くの人が働くことができるが、交通事故などで稼ぐ力を失うことも少しはある。他方、高齢期（就労期後半）には、かなり多くの人が稼ぐ力を失うことになる。これをそれぞれの期で完結的に保険によってカバーしようとすれば、図③のようになる（保険給付は年金受給権であり、それ以降年金が支払われる）。

すなわちこのモデルでは、高齢期（就労期後半）になると、若年・中年期（就労期前半）の3倍も保険料を払わなければならなくなる。高齢期にこの保険料負担は厳しいものがある。

そこで、図④のように設計することが考えられる。すなわち若・中年期（就労期前半）に集めた保険料のうちの半分（100）を、高齢層（就労期後半）の保険給付にまわすのである（図④の┅▶印）。

これにより定年退職等を含め、働けなくなった場合にはつねに給付（100）を受け取ることができる。また保険料自体はずっと同

図③▶

・若年・中年期（就労期前半）

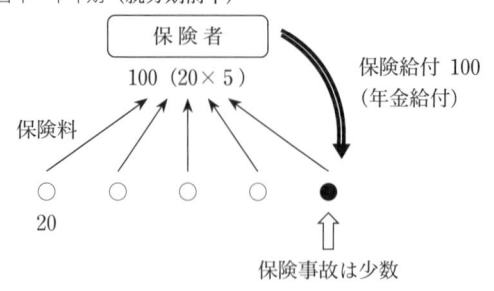

```
        保 険 者
        100（20×5）                 保険給付 100
                                   （年金給付）
保険料
  ○   ○   ○   ○   ●
  20
              保険事故は少数
```

・高齢期（就労期後半）

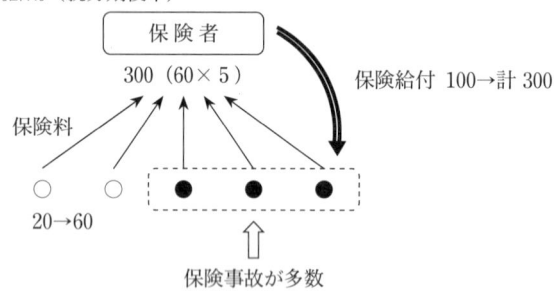

```
        保 険 者
        300（60×5）                 保険給付 100→計 300
保険料
  ○   ○   ●   ●   ●
  20→60
              保険事故が多数
```

じ40で、高齢期になって大きく保険料が上昇するという事態を防ぐことができる。

　これは**1.5**でみた長期保険のモデルだといえる。人がずっと1つの保険に加入していることを前提とすると、このような制度設計が可能になる（このようなモデルによる理解について、**1.6**参照）。なお高齢期でも保険料を納めているモデルになっている点に違和感があるかもしれないが（もちろん簡略化のためのモデルとして、そのようにしたものではあるが）、少なくとも厚生年金では雇われていれば70歳まで被保険者となり、保険料を払うことになっている（ただ**6.7**以下では、保険料の払込段階と年金支給段階を分けて説明している。また賦課方式等の財政方式との関係は改めて**6.16**で扱う）。

図④▶

・若年・中年期

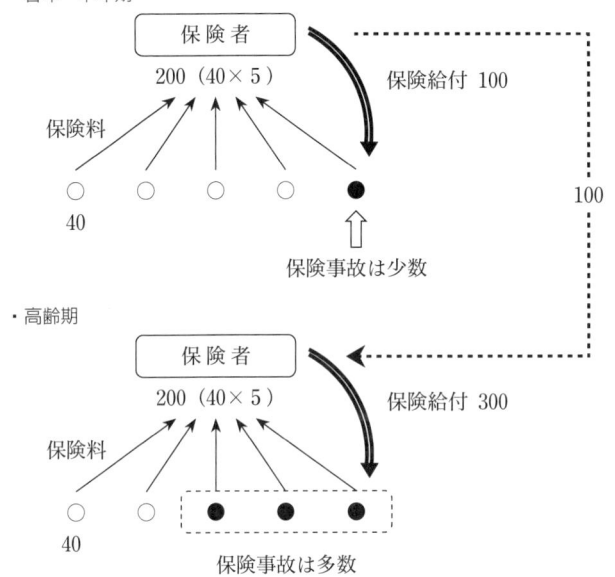

```
              ┌─────────┐
              │  保険者  │
              └─────────┘
              200 (40×5)        保険給付 100
    保険料  ↗ ↑ ↑ ↑ ↖
     ○   ○   ○   ○   ●                    100
     40
                    ⇧
              保険事故は少数
```

・高齢期

```
              ┌─────────┐
              │  保険者  │◀─────
              └─────────┘
              200 (40×5)        保険給付 300
    保険料  ↗ ↑ ┌─┬─┬─┐
     ○   ○  │●│●│●│
     40     └─┴─┴─┘
              保険事故は多数
```

6.3 長生きリスクと終身年金

　年金の意義については、長生きリスク、長寿リスクへの対応ということもしばしばいわれる。

　もっともこれが「稼げない年まで長生きしてしまうリスク」という意味であれば、「稼得能力の喪失・低下」とほぼ一緒である。

　これに対して、それが「寿命の不確実性というリスク」という意味でいわれるのであれば、固有の内容となり、次にみるように終身年金との関係で、重要な視点である。

　ただそれは「この社会保険は、どういうリスクに備えているか」という議論の並びでは、やや異質である。つまり何が保険事

故なのか、どういう場合に年金支給が行われるのかという問いへの答えにはなっていない。いいかえれば医療保険における「傷病」や、雇用保険における「失業」のように、保険事故となるリスクを直接説明するものではない。

しかしこの終身年金の役割自体は重要なので、これを以下ではやはりモデル的に説明してみたい。

《終身年金のモデル的説明》

所得を稼ぐ力がなくなったのちに、生きている場合に年金を給付する（すなわち「生存」を保険事故とする）制度であれば、ある時期に、5人のうち1人が死んでいれば、残り4人に年金を払えばいいことになる（図⑤）。

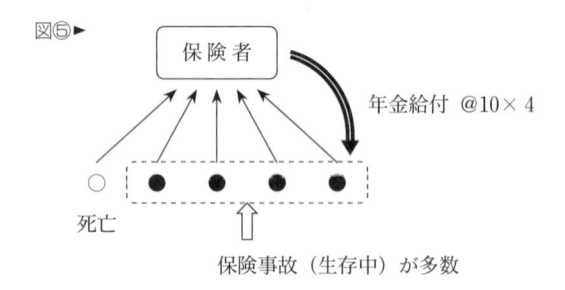

図⑤▶

年金給付 @10×4

死亡

保険事故（生存中）が多数

しかし、そのままずっと制度を続けていけば、残った4人のうち、1人、また1人が死んでいって最後は1人になり（図⑥）、やがてはそれもいなくなる。

そこでこの期をたとえば60歳からの10年ごとと考える。つまり60歳時点では5人が生存しているところ、60歳代終了時点では4人になり、70歳代終了時点では3人になり、80歳代終了時点では2人になり……と考える。そこで年金額が10だとすると、60歳代終了時点から給付を開始すれば、各期（末）の給付額は40→30→20……と推移していく。

図⑥▶

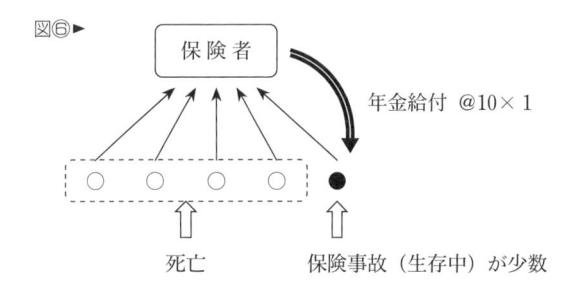

```
         保険者
       ↗ ↑ ↖ ↖
                    年金給付 @10×1
   ○  ○  ○  ○   ●
   ⇧              ⇧
   死亡        保険事故（生存中）が少数
```

　合計すると、40＋30＋20＋10＝100が総給付額となる（金利は考えていない）。したがってその合計100を、あらかじめ期初め（たとえば60歳時点）に集める、ないしは期初めまでに100を積み立てておけばいいということになる（図⑦）。

　5人で割れば、1人が20ずつ出しておけばいいということになる。これは各人が受け取る年金額の平均（期待）値とも一致する。これが終身年金の基本的な設計である。

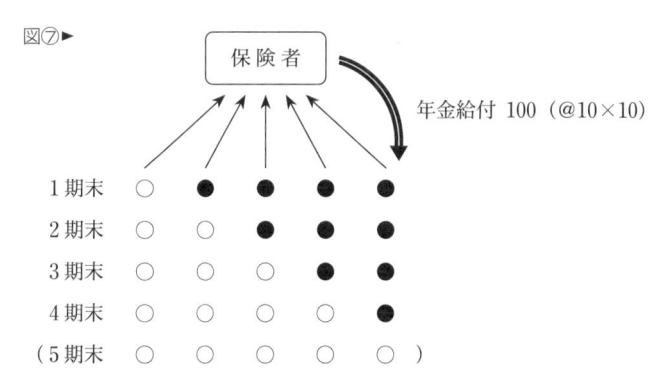

図⑦▶

```
              保険者
           ↗ ↑ ↖ ↖              年金給付 100（@10×10）

1期末   ○  ●  ●  ●  ●
2期末   ○  ○  ●  ●  ●
3期末   ○  ○  ○  ●  ●
4期末   ○  ○  ○  ○  ●
（5期末  ○  ○  ○  ○  ○ ）
```

　ただ期初め（たとえば60歳時点）では、5人のうちで自分がどのポジションにいるか（いつまで生きるか、いくら年金をもらえるか）は分からない。その意味で、まさに長生きリスクであり、終身年金はこの寿命の不確実性への有効な対応になっている。

これが貯蓄であれば、過不足が生じてしまう。つまり長生きしすぎて「足りなく」なったり、早く死んでしまって「意図せざる遺産」を生じたりしてしまう。

　しかし終身年金であれば、老後に過不足のない準備が可能となる。公的年金では、この終身年金を基本的な設計としているわけである。

　ちなみにこのケースだと、いちばん早く死んだ１人（いちばん左の人）は、拠出をしたのに、年金をまったくもらえずに終わることになるが、年齢設定をずらせば、皆が何がしかは受け取れるように設計できる。たとえば５期にわたって、全員で計150の年金給付をもらえるように設計すれば、最低でも10は受け取れる。その場合は各人があらかじめ拠出しておく額は30になる。

6.4　公的年金の体系

　公的年金は、体系としては大きく国民年金（基礎年金）と厚生年金に分かれている。図❽のイメージなので、それぞれ１階部分、２階部分という。なおこれにさらに上乗せされる企業年金などの私的年金は、３階部分と呼ばれる。

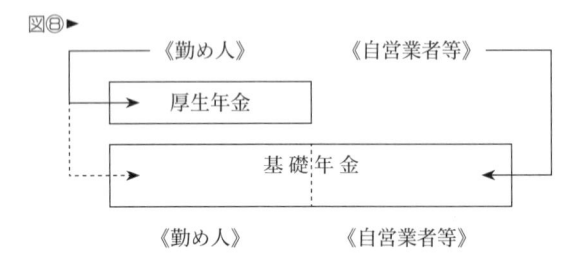

図❽▶

```
        《勤め人》         《自営業者等》
    ┌─────────┐
    │  厚生年金  │
    └─────────┘
    ┌───────────────────────┐
    │        基 礎 年 金        │
    └───────────────────────┘
        《勤め人》         《自営業者等》
```

　もともとは厚生年金と国民年金は別のものだったのだが（次の【クローズアップ】を参照）、現在では、20歳以上の全員が国民年金には加入することとなっていて、そこで国民年金の給付は、国民

共通の基礎年金と位置づけられている。

その上で、自営業者等は国民年金だけに加入し、勤め人は二階部分の厚生年金にも二重に加入している。もっとも勤め人は厚生年金に加入すれば、自動的に国民年金に加入していることになり、厚生年金の保険料を払えば、それとは別に国民年金の保険料を支払う必要はない（国民年金法94条の6）。なお「勤め人」という表現や、報酬（給料）については、医療保険と基本的に同じである（**2.5**参照）。

1階部分の年金額は定額で、2階部分の年金額は報酬（給料）比例で計算される。そのため2階部分を「報酬比例部分」と呼ぶ。

(((クローズアップ))) 公的年金が2階建てになっている理由

このように勤め人の年金は2階建て、自営業者等の年金は1階建てとなっている。

以前、大学でこのことを説明した授業のあとで、自営業者世帯の学生が「不公平だ」といって質問（抗議？）に来たことがあるが、保険料水準も違うので、必ずしも「2階がある方がいい」とは限らない。しかし、なぜそうなっているのか。

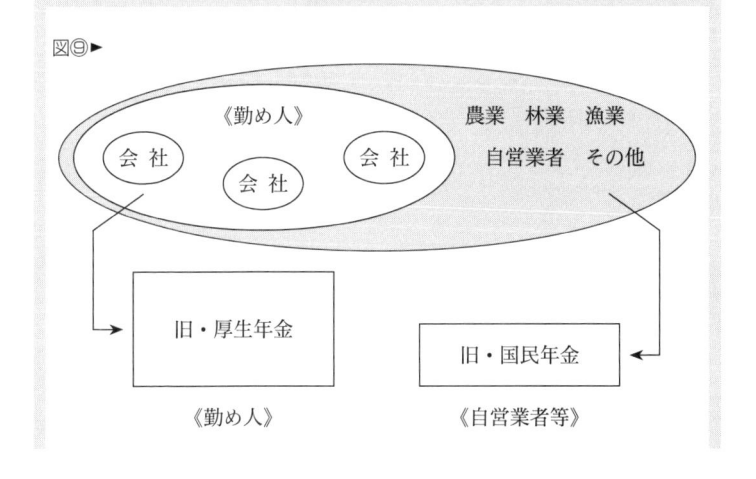

図⑨▶

6.4 公的年金の体系

これは経緯からみるのが分かりやすいと思う。かつては「自営業者等＝国民年金」、「勤め人＝厚生年金」という形だった（図⑨）。ちょうど今の医療保険と同じ形である（2.7参照）。

　このとき、厚生年金の方が水準は高かったのだが、そのうち共通の水準の部分（I階部分）をいわば括りだして国民共通の基礎年金に改編したという経緯である（図⑩。1985年（昭和60年）の改正による。時期は異なるが、ちょうど医療保険において、高齢者医療の部分を、健康保険および国民健康保険から括りだして独立化させたこととパラレルに理解できる。2.15参照）。

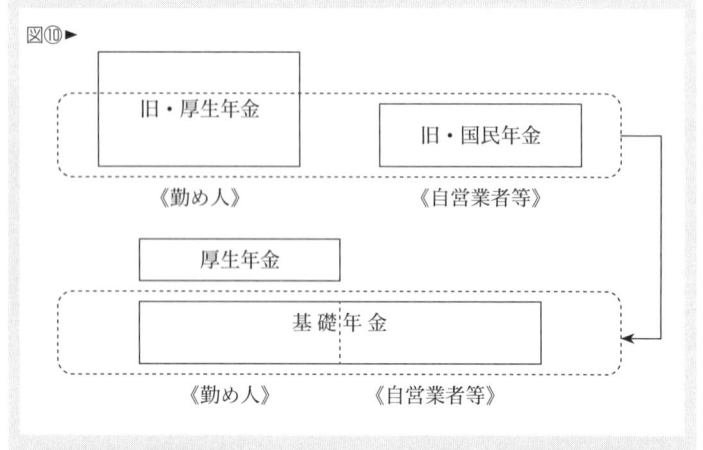

図⑩▶

```
┌─────────────┐
│  旧・厚生年金  │      ┌─────────────┐
│             │      │  旧・国民年金  │
└─────────────┘      └─────────────┘
   《勤め人》              《自営業者等》


┌─────────────┐
│   厚生年金    │
└─────────────┘
┌──────────────────────────────┐
│        基 礎 年 金              │
└──────────────────────────────┘
   《勤め人》              《自営業者等》
```

　ところで図⑩をみると、なぜ、そもそも旧・国民年金と旧・厚生年金とで水準が違っていたのかということになる。それが基礎年金部分を統一化したために、目立つことになっているわけである。

　それは結局のところ、それぞれの働き方の違いに由来するというべきだろう。つまり自営で働いている人たちは、お店なり、農地なり、船なり、自らの生産手段を持っていて、また定年というものもない。老後保障を公的、一律に行う必要性ないしその程度は、全般的に見れば、勤め人世帯より低いということになろう。これに対して勤め人の場合は、仕事をやめてしまえば、一挙に「何もなくなる」のである。

> ひるがえって国民年金の場合は保険料も低いわけだから、給付が高いか低いかは、公平・不公平の問題とは少し別である。むしろその水準の保険で加入を強制するかという問題であろう。
> なお自営業者等は、2階部分に相当する年金を準備するために、国民年金基金や個人型の確定拠出年金に任意で加入することができる。

《被保険者の種類と保険料》

以上の点を踏まえて改めて整理すると、国民年金の被保険者は、3種類(1号・2号・3号)に分かれている。

図⑪▶

```
          《勤め人》        農業　林業　漁業
    (会 社)      (会 社)    自営業者　その他
         (会 社)

                              ┌──────────────┐
                              │ 第1号被保険者 │
                              └──────────────┘
                                (2号、3号以外の全部)

    ┌──────────────┐
    │ 第2号被保険者 │ (厚生年金に加入することで
    └──────────────┘           国民年金にも自動的に加入)
(扶養)
    ┌──────────────┐
    │ 第3号被保険者 │
    └──────────────┘
    (第2号被保険者に扶養される配偶者)
```

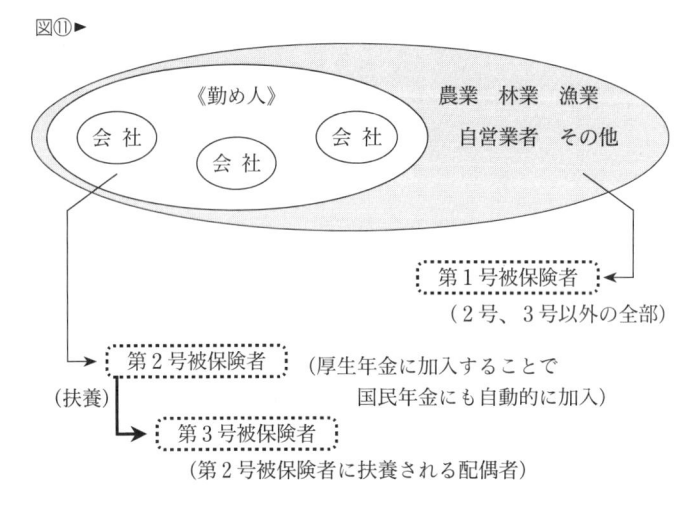

図⑪に沿ってみると、まず厚生年金に加入している勤め人は、自動的に国民年金にも加入し、その第2号被保険者となる。すでにふれたように、厚生年金の保険料を払えば、それとは別に国民年金の保険料を支払う必要はない(国民年金の保険料もそのなかにいわば含まれている)。保険料は報酬比例である。

そしてその第2号被保険者に扶養される配偶者は、第3号被保

険者となる。ここは議論があるものの（**6.14**参照）、現行制度では、健康保険の被扶養者と同様に（**2.8**参照）、保険料を支払う必要はないが（国民年金法94条の6）、国民年金の被保険者として、1階部分の基礎年金が支給される。

　この2号、3号以外の全員（20歳以上、60歳未満の国内に住所を有する国民）が、第1号被保険者になる。このように「2号・3号以外」の全員を被保険者にすることで、すべての人がいずれかの年金に加入する「国民皆年金」が達成されている。

　この第1号被保険者は、法律の規定としてはそういう「2号・3号以外」のいわば「その他全部」という形だが（国民年金法7条）、実際のイメージとしては、自営業者、農業や林業、漁業従事者等となる（仕事をしていない人なども含まれてくる）。国籍要件はなく、日本国内に住所があれば被保険者となる。保険料は定額である。

　なお公務員は、別の制度（公務員共済）に加入している。〔基本的な仕組みは勤め人と一緒であり、差がある部分もより同質化する方向で改正されてきていて、2015年10月には厚生年金に一元化される。〕

6.5　国庫負担

　社会保険には公費が投入されることがあるが（**1.3**参照）、公的年金でも、基礎年金部分（1階部分）について、国庫負担がある。

　すなわち経緯はあるが、基礎年金部分の財源の1/2として公費（国庫負担）が投入されている。基礎年金部分は、ほぼ賦課方式なので（**6.16**参照）、要するに支給する基礎年金総額の半分の金額を毎年、国の予算から確保する必要が生じる（図⑫）。

　厚生年金については、このような給付費への国庫負担はない。医療保険のなかで、被用者保険である健康保険組合には国庫負担がなかったのと同じである（**2.11**参照）。

図⑫▶

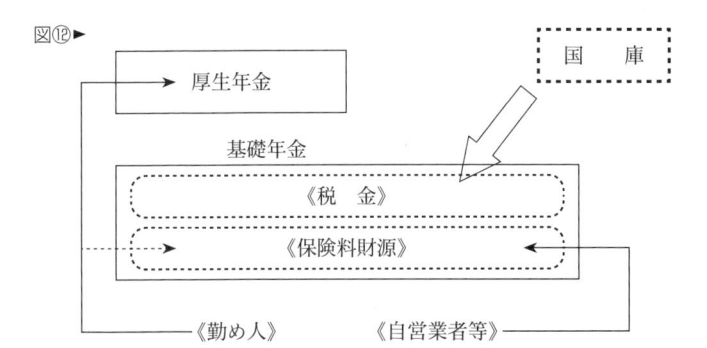

```
         ┌──────────┐              ┌─────────┐
    ┌───→│  厚生年金  │              │  国 庫   │
    │    └──────────┘              └─────────┘
    │                                    │
    │           基礎年金                   ▼
    │    ┌─────────────────────────────────┐
    │    │         《 税 金 》               │
    │    │                                 │
    │    ┊──→     《保険料財源》       ←──   ┊
    │    └─────────────────────────────────┘
    │              《勤め人》    《自営業者等》
```

(((クローズアップ))) いわゆる税方式について

「保険方式か、税方式か」という論点設定がしばしばされるものの、現在は社会保険とはいえ、すでにみたように、税金は財源として一部取り入れられている。

基礎年金の国庫負担は、基礎年金という制度ができてからずっと1/3だったところ、2004年、2009年の年金改正により50%まで順次引き上げられている。

今のところその予定は無いが、今後、仮にこれを100%にまで引き上げると、いわゆる全額税方式ということになる。

他方、もし基礎年金が全額税方式になれば、1階部分については保険料がなくなるので、単に財源の問題ではなく、給付の算定式（**6.7**で扱う）も変わってくる。そうなれば国民年金の保険料の未納問題が解消されるというメリットはあり、それが税方式が主張される論拠でもあるものの、そのとき厚生年金の保険料が残れば、保険料と税金という徴収方法の完全な一本化にはならない。

なお、その政策選択については議論が多々あるが、現行方式から（基礎年金だけでも）全額税方式に転換するとすれば、一定の（数十年間の）移行期は必要になろう。

6.6　保険料と年金額の関係――「牛丼の喩え」による説明

6.4でみたように、自営業者等の第1号被保険者は、保険料は定額で、1階部分の基礎年金が定額で支給される。勤め人の第2号被保険者は、保険料は報酬比例で、年金としては定額の1階部分に加えて、報酬比例の2階部分の年金が支給される。

このことを、「牛丼」で喩えると、以下のようになる。

すなわち「ご飯」は1階部分の基礎年金であり、「肉」は2階部分の厚生年金である。

そして勤め人の年金は、「ご飯」の上に、「肉」が乗っている「牛丼」のようなものである。

ちなみに自営業者等は、1階部分だけなので、「ご飯」だけを食べていることになる。そう書いてしまうと気の毒のようでもあるが、しかし「ご飯」だけだから、代金も安い。

他方で、勤め人の2階部分の厚生年金は、「報酬比例」なので、たくさん代金を払った人には、「肉」は沢山乗っている。つまり、給料が高い人ほど、また長く勤めた人ほど、保険料も高く・長く（つまり合計で多くの額の保険料を）払っているので、年金も厚くなる。

「ご飯」の量は、自営業者でも勤め人でも一緒である。しかし勤め人の場合は、2倍の代金を払えば、牛丼に乗っている肉は2倍になるし、3倍の代金を払えば、肉の量は3倍になる。このときも「ご飯」の量は、元のままである。牛丼に限らないだろうが、高い値段の料理を注文したからといって、「ご飯」がたくさん盛られてくるわけではない（図⑬）。

ちなみに勤め人が牛丼を注文するときには、牛丼だけを注文すればいいのであり、それとは別に、「ご飯」を注文して、その代金（国民年金の保険料）を別途支払う必要はない。牛丼には、自然に「ご飯」はついてくるのである。

図⑬▶

保険料
　　（報酬比例）

２階部分の厚生年金（肉）

１階部分の基礎年金（ご飯）

給料が倍だと、
保険料も倍になる

２階部分（肉の量）も倍になる

１階部分（ご飯の量）は一緒

給料が３倍だと、
保険料も３倍になる

２階部分（肉の量）も３倍になる

１階部分（ご飯の量）は一緒

なお自営業者は、
　　（定額保険料）

１階部分（ご飯）のみ

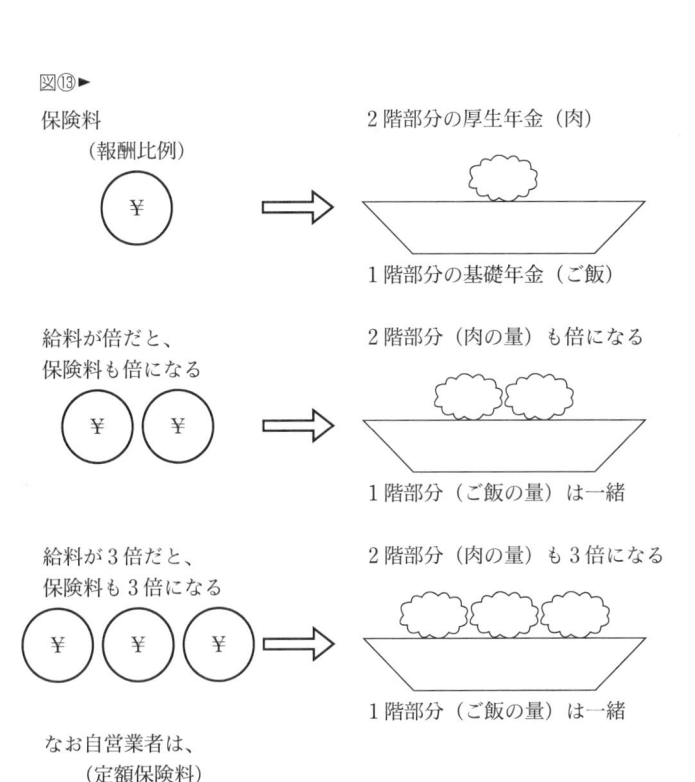

　ただし**6.9**でみるように、厚生年金の保険料は報酬比例だが〔17.474％（2015年４月）〕、料率をあてはめる際のテーブル表があって、その下限・上限があるので、たとえば非常に所得が高い場合でも、保険料の額、また年金の額には上限がある〔現在は保険料の上限は62万円×料率〕。なおボーナス（150万円まで）にも保険料は同率でかかる。

● Coffee break ● 勤め人の年金と牛丼の関係

この「勤め人の年金は、牛丼のようなものだ」という喩えは、15年ほど前から大学の授業で使っているものである。途中、「吉野家の牛丼」がしばらく販売中止になって、説明に使いづらかった時期などもあった。

実際、「ご飯」と「肉」といっても、1階部分も2階部分もおカネに色はないし、何が何を指すのか若干微妙だし、より適切な喩えがないかとは思っているのだが、他に思いつかないので、本書でもこれで説明した。

それでも国民年金が基礎年金に再構成されているため、厚生年金と国民年金の関係を理解するのはなかなか難しいところ、「牛丼を頼むとき、それとは別にご飯の注文をしたり、ご飯の代金を払ったりはしないでしょ？」というと、多くの学生が納得してくれる。

昔、市民講座でこの話をしたら、終了後に以下のような感想を寄せてくれた女性がいた。「私はごく短い期間、会社勤めをして、すぐやめてその後は仕事はしていません。ですから私の牛丼には、とっても薄いお肉が一切れくらい、乗っているだけなんですね。」

まさにそういう話であり、理解してもらえて嬉しかったのだが、なんだか切なくなった。

(((クローズアップ))) 基礎年金の所得再分配機能

公的年金の1階部分と2階部分の関係は、図⑬で示したとおり、勤め人は現役期に所得が多いと、保険料も高くなる。そして老齢期に支給する年金は、払った保険料が高ければ、それに比例して報酬比例部分は多くなる。しかし基礎年金部分は、保険料も年金額も一定である。

たとえば所得が倍ならば、保険料も倍になり、そして老後は報酬比例部分が倍になるが（ただし上限はある）、基礎年金だけは定額だということである。

このことは基礎年金部分を通じて、所得再分配が（高所得層から低所得層へ）行われていることを意味する。保険料を2倍払っても、年金が2倍にならないということは、その「2倍にはならない」分が、低所得者層の方に移っているのである。

　別の言い方をすれば、低所得者層は、たとえば所得も半分なので、保険料も半分しか払っていないとしても、年金まで総額で半分になってしまうわけではない（報酬比例部分は半分になってしまうが、基礎年金は同じだけもらえる）、ということである。

　このような、やや入り組んだ形での所得再分配の方法について、評価はさまざまであろう。「分かりづらい」、「姑息だ」との意見もあるかもしれない。そもそも公的年金は複雑すぎるというのが定評である。

　ただ、もし所得が2倍、3倍であれば、公的年金もそのまま2倍、3倍になるというのであれば、現役期の格差をそのまま老後に持ち越すようで、公的年金の役割として相応しくないとの印象もある。

　しかし所得や保険料の高低にかかわらず、給付が同じだとしてしまうと（医療保険などではそうなっているともいえるのだが、）とくに年金の場合はただちに損得勘定に結び付けられやすい。つまり高所得で高い保険料を払っている層から文句が出やすい。

　それでは逆に、保険料も年金も一律とすることも考えられるが、そうすると誰でも払える（高くない）保険料水準にせざる得ないので、ごく小さな（現在の1階部分くらいの）年金制度しか作れない。

　これらのもろもろの折り合いをつけながら、現在の年金制度は設計されているものといえる（4.5および6.9の**【クローズアップ】**もあわせて参照）。

6.7　基礎年金の保険料と年金額の計算

　以上の全体像を踏まえて、まず1階部分の基礎年金について、その老齢基礎年金の額がどのように決まるかをみていきたい。

　基本形としては、被保険者として一定期間、保険料を払い込んで、65歳に達すれば、以後生涯（終身）にわたって、一定水準の年金が支給される。

　ここで保険料拠出と、給付水準との関係をみると、雇用保険と同様にクルマに喩えれば、ガソリンをどのくらい注ぎ込んで、それによってどのくらいのスピードと走行距離を走れるか、というイメージでとらえることができる（**4.5**、**4.6**参照）。ただ年金については、雇用保険と違って、支給期間は終身が基本なので（いわば走行距離は決まっているので）、ごく大雑把にいえば、あとは注入するガソリンの総量が多ければ、年金額が高くなる（いわばスピードが出る）。

　つまり年金では、むしろ3Dプリンターのように、保険料の支払によって、年金額を積み重ねていくようなイメージともいえる（図⑭）。

図⑭▶

保険料支払を重ねると……年金額が積み重なっていく

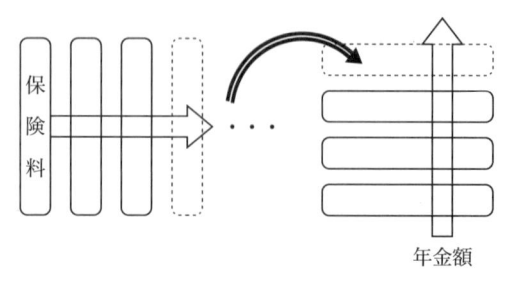

保険料　　　　　　　　　　　　　　　年金額

　このとき勤め人（第2号被保険者）であれば、年金の保険料は給

料からの天引きなので、未納になることは、普通は無い。しかし自営業者等（第１号被保険者）の場合、保険料が未納となることもある（あとで述べる免除とは異なり、未納とは、勝手に払わないことをいう。なおすでにふれたように、第３号被保険者（勤め人世帯の専業主婦等）は保険料を払う必要がない。また実際には厚生年金でも「加入逃れ」が問題となることがある）。

そこで第１号被保険者を念頭に、保険料の支払と、年金額の関係をみていく。ここでは保険料も定額が基本なので、あとは保険料を払った期間が年金額を決める（図⑮）。これをもう少し詳しくみてみたい。

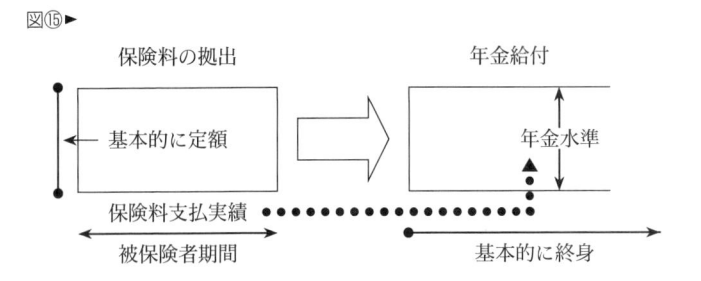

図⑮▶

まず40年間（20〜60歳の間）、フルに保険料〔月額15,590円（2015年）〕を払うと、基礎年金（老齢年金）は65歳以降、満額〔年額780,100円、月額65,008円〕が生涯にわたって支給される。

そこで、保険料を払わない（未納）期間が何年かあると、年金額が「その分」減ることになる。たとえば40年払うべきところを、その１割にあたる４年間が未納だったとすると、年金額も１割減ることになる。同じように、未納期間が２割にあたる８年間になると、年金額も２割が減る。

次頁図⑯で、途中で未納の部分（左のシャドーの部分）があると、それに見合って、年金額が減ってしまうのである（右のシャドーの部分）。3Dプリンターのように、年金額を積み上げているイメー

図⑯▶

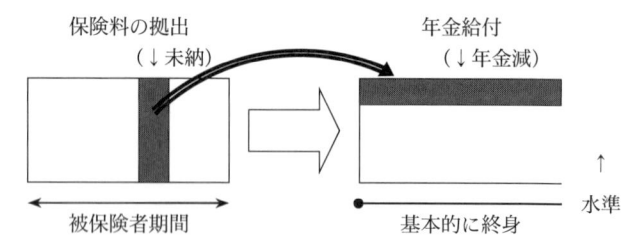

保険料の拠出
（↓未納）

年金給付
（↓年金減）

←被保険者期間→　　基本的に終身　水準

ジでみていただければ、左側で機械を動かすべき時間に、1割、また2割と機械が止まっていると、右側の出来上がりも、1割、また2割と低くなるイメージである。

以上を式にすると、基礎年金額（年額）は以下のようになる。

$$基礎年金の満額〔約78万円〕\times \frac{保険料納付済み月数（※）}{40年（加入可能月数）\times 12月}$$

（※）免除の場合は1/2で計算。

40年にわたってきちんと保険料を払っていれば、右側の分子は40×12月になり、分子／分母＝1となるため、年金額は満額×1（すなわちちょうど満額）となる。

《年金資格期間》

しかしそれでは逆に、たとえば4年間しか保険料を払わないと、期間にして1割は払ったことになるので、年金額も1割分はもらえるかというと、そうではなく、最低でも一定の期間は保険料を払っていないと、年金は全然もらえない。これを「年金資格期間」という。〔現在、最低25年となっているが、これが10年に短縮される予定である。また40年という加入可能期間を伸ばすのを認めることも検討されている。〕

「ごく短い期間でも保険料を払っていれば、それに見合って少しでも年金を」という考え方もあるが、それでは実質的に任意加入と同じことになってしまう。そして低い年金の人は、それだけでは暮らせず、結局は生活保護などとの合わせ技になってしまう。そこで最低限の「年金資格期間」を設けているわけである。

たとえば運転免許をとるための試験でも、一定の点数に達しないと、合格にはならない。ほんの少しは点数を取れたからといって、「ほんの少しは運転免許を与える」、「週に1回くらいなら運転してもいいよ」というわけにはいかないのと一緒である。

ただしこれは、あくまで未納、すなわち勝手に保険料を払わなかった場合の話であり、所得がない場合などは、**6.8**で扱う「免除」を正式に申請することができる。

なお基礎年金の水準は毎年、物価スライドにより改訂される（スライドについては、**6.11**参照）。

《保険料支払総額と年金総額の関係（いわゆる損得イメージ）》

この国民年金のいわゆる損得イメージ、すなわち保険料の支払総額と年金の受け取り総額の関係を、ざっと「単純計算」してみると、以下のようになる。〔2015年価格による。〕

たとえば現在の国民年金の保険料は、月額15,590円なので、年間で187,080円。これを40年間払うとすると、単純に計算すると約748万円になる。

他方で年金は、月額65,008円、年額で780,100円（約78万円）である。これが生きている間、支払われる。

つまり、たとえば65歳から10年間、年金を受け取れば、約780万円になり、支払った保険料に対して「元は取れる」ことになる。75歳を越えて生きればますます「トク」であるし、死んだとしても家族は遺族年金をもらえる可能性がある。

この単純計算で、全体的に「トク」になっているのは、すでに

みたように、財源として保険料だけではなく半分は税金が入っているからでもある。もちろん急に年金が大幅に切り下げられたというような場合は「損」になるかもしれないが、とにかく現行制度の計算式ではこうなっている。実際には利率をまったく勘案していないし、これまでの、また今後の保険料や年金額の変動等が大きく影響するが、すべて現行制度だけをもとに単純に計算することも、大雑把なイメージアップには資するだろう。

《支給の繰上げ・繰下げ》

基礎年金は65歳が支給開始年齢で、そこから生涯にわたって支給される。

ただ、その年齢の繰上げ、繰下げは可能である。たとえば65歳より前に収入を得られなくなり、早く年金を受け取りたい場合は60歳までの繰上げが可能であり、その場合、年金額は生涯にわたって減額される（一度減額された年金は、65歳になっても戻らない。もし戻るなら、全員がとりあえず繰り上げて受け取り始めてしまうだろう）。逆に70歳まで繰り下げることも可能で、その場合は年金額が増額される（次頁図⑰）。

いずれにせよ平均寿命との関係で、数理的にはフラットに（損得なく）設計されている（繰上げ率は１月あたり0.5％、繰下げ率は0.7％）。だから数理的には、どういうのが有利・不利というのは一律には無い。もっとも結果的には、何歳まで年金を受け取ったかにより差は生じる。たとえば長く生きられそうにないならば、早く受け取り始めた方がいいということは、一般論としてはいえる。

6.8 保険料の免除

所得が低くて国民年金の保険料が払えない場合には、免除の制度を利用できる。これにより免除される期間は、すでにみた「年

図⑰▶

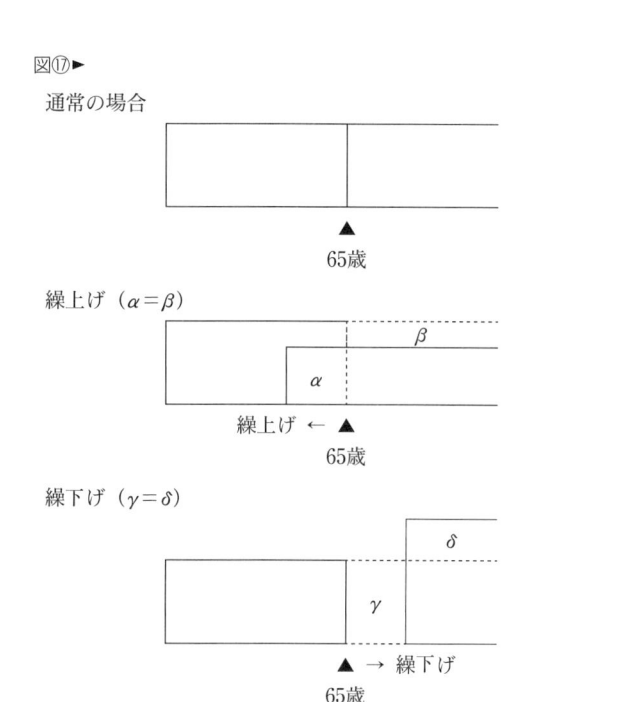

通常の場合

▲
65歳

繰上げ（$\alpha = \beta$）

繰上げ ← ▲
65歳

繰下げ（$\gamma = \delta$）

▲ → 繰下げ
65歳

t

金資格期間」には算入される一方、年金額としては、その期間は年金額に1/2だけ反映する。勝手に保険料を払わなかった場合（未納）は、それに対応する期間は年金額にまったく反映しないが、免除の場合は、半分は反映するわけである。

これは、すでにみたように基礎年金は半分が税財源であることから（**6.5**参照）、保険料を払っていないことに対応するいわば「残り半分」の部分だけが、減らされるわけである。

この点を、イメージ図でみてみたい。

すでにみたように、年金は、3Dプリンターのように、保険料の支払により年金水準を少しずつ積み上げているようなものである。そこでその3Dプリンターのいわば1年分と、それに見合っ

6.8 保険料の免除　　*163*

た年金額の部分をクローズアップしてみる（図⑱）。そしてその特定の期間の保険料と年金の関係だけを取り出して、改めて整理してみたい。

図⑱▶ （下のシャドーの部分だけを取り出してみる）

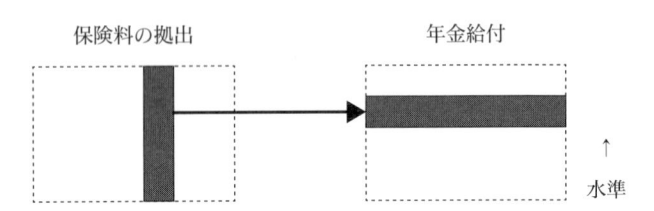

保険料の拠出　　　　　　　年金給付

↑
水準

まず保険料を払った期間については、もちろん年金額に反映する（（図⑲）の（ア））。

これに対して、勝手に保険料を払わなかった（未納）期間については、年金額にはまったく反映しない（（図⑲）の（イ））。

しかし、同じ保険料を払わなかった期間であっても、正式に免除の手続を経ていれば、その期間に対応する年金額として、保険

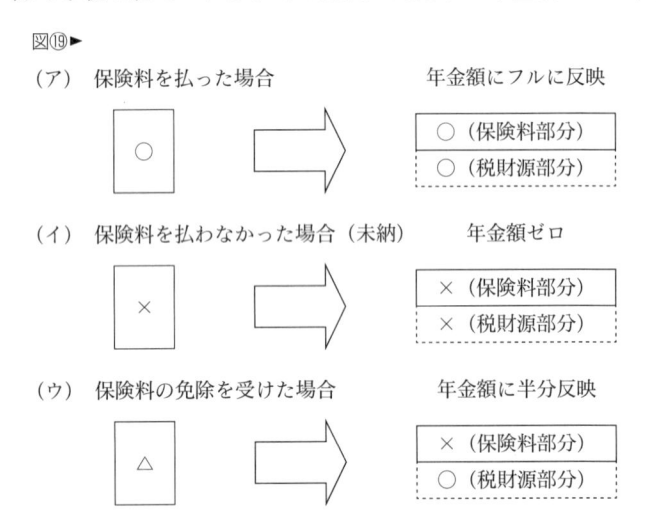

図⑲▶

（ア）保険料を払った場合　　　　　　年金額にフルに反映

○

| ○（保険料部分） |
| ○（税財源部分） |

（イ）保険料を払わなかった場合（未納）　年金額ゼロ

×

| ×（保険料部分） |
| ×（税財源部分） |

（ウ）保険料の免除を受けた場合　　　　年金額に半分反映

△

| ×（保険料部分） |
| ○（税財源部分） |

料を払った場合の半分の額は支給されるのである（(図⑲)の(ウ)）。

なお免除を受けた分は、あとから納めること（追納）が可能であり、それがあれば年金額の水準も「元に戻る」ことになる。

《半額免除など》

またこれとあわせて、所得に応じて、半額免除、さらに3/4免除、1/4免除という仕組みもある。これらの場合にはそれぞれ全額免除のときと同じ考え方により、その期間に対応して年金額が、いくらか減らされることになる。

たとえば半額免除の場合には、図⑳のように、年金額が満額の3/4反映される。

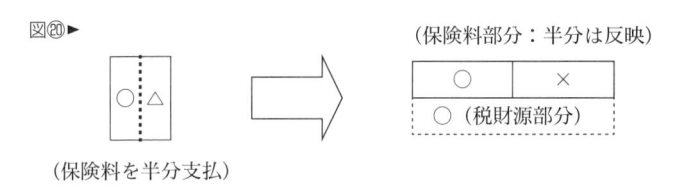

図⑳▶

(保険料を半分支払)

(保険料部分：半分は反映)

○	×
○ （税財源部分）	

《学生納付特例》

さらにこれと少し異なるのが、「学生納付特例」と呼ばれるものである。学生の間は、所得が高くなければ、申請すればやはり保険料を納めなくてもいいのだが、その部分については後日、後納しないと、図㉑のように、年金額にはまったく（1/2の税金の部分も含めて）反映しない。年金資格期間には算入されるが、年金額の計算の上では未納と同じ取扱となる。あくまで学生の期間は（免除ではなく）猶予しているだけという考え方である。

だからこの部分は、あとから追納するかしないかで、免除期間よりも「大きな差」が生じることになる（追納すれば、はじめから保険料を支払ったのと同じように年金額にフルに反映する）。〔なおこの取扱は、

30歳未満の猶予にも拡大されており、さらに対象年齢の50歳までの拡大も予定されている。〕

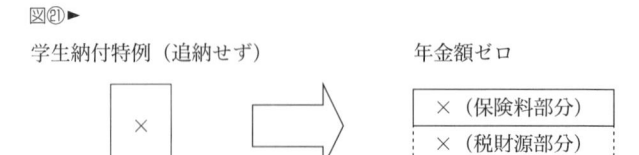

図㉑▶

学生納付特例（追納せず）　　　　　　年金額ゼロ

```
┌─────┐          ┌──────────────────┐
│     │    ⇒     │  ×（保険料部分）  │
│  ×  │          ├ ─ ─ ─ ─ ─ ─ ─ ─ ┤
│     │          │  ×（税財源部分）  │
└─────┘          └ ─ ─ ─ ─ ─ ─ ─ ─ ┘
```

6.9　厚生年金の保険料と年金額の計算

　次に二階部分の厚生年金、すなわち報酬比例部分の老齢厚生年金について順次みていきたい。

　すでにみたように、勤め人は厚生年金に加入する。具体的には健康保険と同様に、5人以上の事業所または法人の事業所は強制適用となり、そこで常時使用される70歳未満の人は厚生年金の被保険者となる。

　保険料は標準報酬（独自に算定した給料などの額を段階に区切ってテーブルに当てはめたもの）に一定の保険料率をかけたもの（つまり報酬比例）であり、これを労使で折半する。〔料率は2015年8月まで17.474％。その後2017年にかけて順次18.30％にまで引き上げられる。〕すなわち半分が従業員の給料から天引きされ、同じ額を事業主も負担して、その合計額が保険料として納められる。ボーナスにも同じ保険料率がかけられる（ただし150万円まで）。

　この辺の仕組みは健康保険と同様であり、事業主が保険料の半分を負担していることについても、同様の見方で理解できる（**1.4**および**2.5**を参照）。

　ここではやはり給付の設計を考えるに当たって、保険料拠出と、給付水準との関係をみてみたい。厚生年金も基礎年金と同じように、保険料の支払により3Dプリンターのように、年金水準を積

み重ねていく性格のものである（**6.7**の図⑭を再度参照されたい）。ただ、少し違いがある。

すなわち厚生年金では、被保険者期間に加えて、保険料の水準も定額ではなく、人によりさまざまである。その給料がそれぞれ違うために、当然そうなって、そのことが年金水準にも反映する。すなわち被保険者期間（保険料を支払っていた期間）と保険料の水準（給料の水準に比例）の両方（いわば「高さ×長さ」）が、年金額の水準を決めることになる。支給期間は終身である（図㉒）。

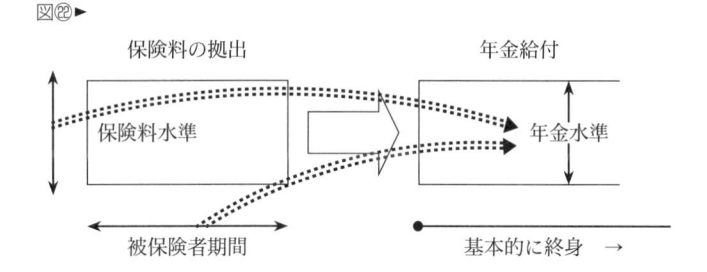

図㉒▶

保険料の拠出　　　　　　　　　年金給付

保険料水準　　　　　　　　　年金水準

被保険者期間　　　　　　　　基本的に終身　→

《厚生年金の年金額の計算》

具体的には、厚生年金の年金額（年額）は、

> 過去の標準報酬の平均 × 5.481/1000 × 被保険者月数

で計算される。ただし「過去の標準報酬」は、現在の価値に再評価したものを用いる（この再評価については、少しあとでふれる）。

この計算式をみると、以下のことが分かる。

第1に、報酬（給料）が高いほど、年金額も高くなる。比例関係になっていて、報酬が1割上がれば、年金額も1割上がる。まさに報酬比例の年金設計なのである。

ただし**6.3**でみたように、厚生年金の保険料は報酬比例だが〔現在は17.474%〕、料率をあてはめる際の報酬のテーブル表があり、

その下限・上限があるので、非常に所得が高い場合でも、保険料の額、また年金の額には上限がある。〔現在は保険料の上限は62万円×料率。〕なおボーナス（150万円まで）にも保険料は同率でかかる（少し細かいが、制度改正により、2003年3月までは「報酬月額」、2003年4月以降はボーナスの分を勘案した「報酬額」により計算する）。

　第2に、被保険者期間が長ければ長いほど、年金額も高くなる。これは基礎年金と同じである（**6.7**参照）。とくに勤め人期間は、ずっとではないことがあり（結婚して専業主婦になったとか、すぐにやめて自営業に転じたとか）、加入期間は1ヶ月でも構わない。

　このように、報酬の水準（これに連動して保険料の水準）と、被保険者期間という、いわば「高さ×長さ」で年金額が決まる。

　そうすると最後に、係数の5.481/1000というのは何か。これは、この係数自体に意味はなくて、逆に「過去の報酬の平均×被保険者月数」に、何を掛けた値を年金額とするか、というところから逆算されて出てきた数値と考えるべきだろう（5.481/1000という係数の値は少しずつ変わってきているし、実際の計算の時にはもっと複雑なのだが、ここではとにかく定数と考える）。

《計算式の意味合い》

　そこで大雑把なイメージを理解するために、この計算式を以下のように変形してみたい。

　まずこの式は年金の「年額」をあらわしているのだから、これを12で割ると、年金の「月額」になる。このとき式の「被保険者月数」を12で割れば、「被保険者年数」が出る。

　つまり、

> 厚生年金の月額 ＝
> 　　過去の標準報酬の平均 × 5.481/1000 × 被保険者年数

となる。そこでたとえば学校を出てから定年まで40年間勤めたと

すると、被保険者年数は40なので（5.481×40≒220となり）、

> 厚生年金の月額 ≒ 過去の標準報酬の平均 × 220/1000
> 　　　　　　　　　　　　　　　　　　　（つまり0.22）

となる。

　すなわち、あくまでごく大雑把なイメージだが、40年間働いていたときの平均賃金の約2割を、厚生年金（2階部分）として毎年もらえるという計算になる。まさに報酬比例の年金設計なのである。

　これと基礎年金（家族の分も含めて）とをあわせて、世帯として現役期の約5割が、老後に保障されているという形になっているのが、今の年金水準である（実際には、ボーナスの部分の計算などもあるので、あくまで大雑把なイメージとしてみていただきたい。また制度的には、配偶者や子の数に応じた加給年金もある）。

《保険料総額と年金総額の関係（いわゆる損得イメージ）》

　あわせてこれもあくまで大雑把なものだが、いわゆる損得イメージ、すなわちいくら保険料を払って、いくら年金をもらえるのかを、この式だけをみてざっと「単純計算」してみたい。

　保険料率の方は、事業主負担分（保険料の半分）の扱いが難しいが、たとえば本人分だけをみて、現在の料率〔8.737%（2014年9月～）〕で40年間拠出したとすれば、保険料総額は「平均標準報酬×8.737%×40年×12ヶ月」≒「平均標準報酬×42」となる。

　他方、受け取る厚生年金の総額は、40年間保険料を払ったとすれば、みてきたとおり、およそ「（平均標準報酬×0.22）×12ヶ月×受給年数」≒「平均標準報酬×2.4×受給年数」となる。

　だから18年間ほど受給すれば、厚生年金の総額は「過去の平均標準報酬×43.2」くらいになり、払った保険料の「元は取れる」ことになる。たとえば65歳から18年間というのは、決して短い期

間ではないが、これは厚生年金（2階部分）だけなので、基礎年金等は別であり、これを加えればもっとずっと早い時期に「元は取れる」だろう。

ただし繰り返しになるが、これはあくまで年金の計算式を理解してもらうためのイメージにすぎない。実際の「損得勘定」は、金利を含め、厳密に操作する必要があるし、その過程で仮定の置き方によって、計算結果も大きく変わる。また事業主分を入れれば、払った保険料は倍になるので、それを含めて「元が取れる」期間は倍に伸びる。保険料率は、ずっと上がってきている。ただ、ここで行ったのは、あくまで全部を現在に引き写して静態的に計算したときの、収支の様子を示すための「単純計算」である。

《報酬の再評価》

このように、過去の報酬（給料など）を平均した水準が年金額を決める大きな要素になるが、その過去の報酬水準は、「再評価」したうえで用いる（図㉓）。

すなわち過去の報酬水準が、現在であればいくらにあたるかを、手取り賃金の伸び率を掛けて評価しなおすのである。最近は賃金や物価は安定（場合によっては低下）傾向にあるが、長期的にみれば上昇してきているので、過去の数値をそのまま使うと、とても低い年金額にしかならない。

実際の換算テーブルは大変複雑であるが、ごく大雑把なイメージとしては、たとえば昭和55-57年頃（1980年代、約35年前）の給料は、約1.5倍に再評価する。昭和51～53年頃（1970年代、約40年前）の給料は約2倍に再評価する。さらに10年くらい遡ると、6～7倍に再評価される（その間に高度成長があったため）。

たとえば昭和50年代に就職して、初任給10万円だった人がいたとすると、今の基準からすれば「安いなあ」と思うかもしれないが、当時の基準からすると、普通だったり相当高かったりするわ

けで、その実際的な価値を、年金額の計算にも反映させるわけである（この報酬の再評価により、いわゆる賃金スライド（可処分所得スライド）が行われることになる）。

図㉓▶

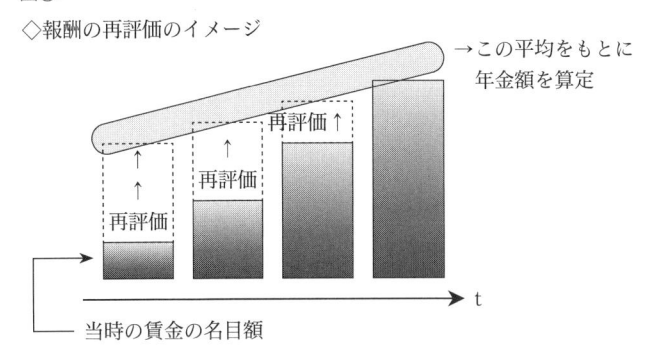

◇報酬の再評価のイメージ

→この平均をもとに年金額を算定

再評価↑
再評価↑
再評価↑

当時の賃金の名目額

● **Coffee break** ● 賃金や物価は上昇してきた

缶ジュースや缶コーヒーを買うとき、かつては自動販売機に100円玉を入れると、何がしかのお釣りが出てきた。それが物価の上昇とともに、だんだんお釣りが少なくなってきた。そしてついに価格が100円に達して、まったくお釣りが出なくなったときには、もうこれ以上価格は上がらないだろうと思った。缶ジュースを買うときに、サイフから100円玉を出して、さらに10円玉を出すなどという面倒なことを人間はするはずがないと思ったからである。

しかし物価は上がり続けて、120円くらいになったところで、デフレ経済になって上昇は一段落すると同時に、自動販売機でもカードでの支払いが進んできた。現実が庶民の想像力を凌駕している。

日本では長らく低成長が続いているので、この辺の話は、たとえば大学生に話しても、ピンとこなくなっている。物価が上がってきていることすら、知らない学生もいる。

このように物価が上がっても、日本経済の成長とともに、同時に賃金も上がってきた。むしろ一般論としては、賃金は物価よりも上がるはずで、そうでないと同じ給料をもらっていても、以前は買えた物が買えなくなるので、生活は貧しくなってしまう。実際に物価よりも賃金の方が上がってきたので、日本人の暮らしは戦後、どんどん豊かになってきたのである。

　だから年金額の計算に際して、とくに報酬の再評価は、ものすごく効果は大きい。たとえばこれをやめてしまえば、年金の財政問題などは一挙に解決するだろう。しかし同時に老後の所得保障としての年金の意味合いは、一挙に地に落ちるだろう。

(((クローズアップ))) 報酬比例の年金設計

　2階部分の厚生年金が、報酬比例の年金として設計されていることには、そもそもどういう意味があるのか。ネガティブにみれば、賃金が高ければ保険料を多く払い、それが年金にも反映するわけで、現役時代の格差を老後に持ち越すものであり、トランプの大貧民みたいな話で、あまり望ましくないともいえる。

　これに対しては、最終的な賛否は別として、いくつかの説明・応答は可能である。

　第1に、とりあえず、保険料の多い／少ないと年金額の辻褄が合っているとはいえる。それは保険の考え方、すなわち保険料の水準が、保険給付の水準に反映するという「給付・反対給付均等の原則」に沿ったものでもある（1.1の【クローズアップ】を参照）。

　第二に、それは「生活の安定」、「従前生活の維持」というような社会保障の理念（いいかえれば保険事故が起きる前の生活との落差が生じないようにする）には合致する。すでにみてきたように、雇用保険や労災保険でも、また医療保険の金銭給付部分でも、報酬比例の設計が多く用いられていた。

　第三に、報酬比例部分があることは、それを通じた所得の再分配を可能としている。6.6で用いた「牛丼」の比喩を用いるなら

ば、「肉」の部分があるからこそ、「ご飯」の部分は全員に同等に配布できるのである。

仮に、逆に給付を定額にするとすれば、その給付水準は低くならざるを得ない。なぜならその場合は、保険料も定額になるのが自然だが、その保険料の水準は、すべての人が払えるような、低

図㉔▶

◇年金設計パターンのバリエーション

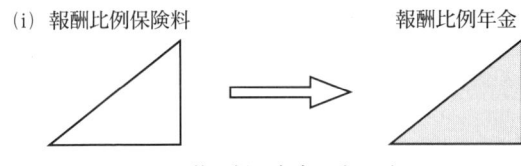

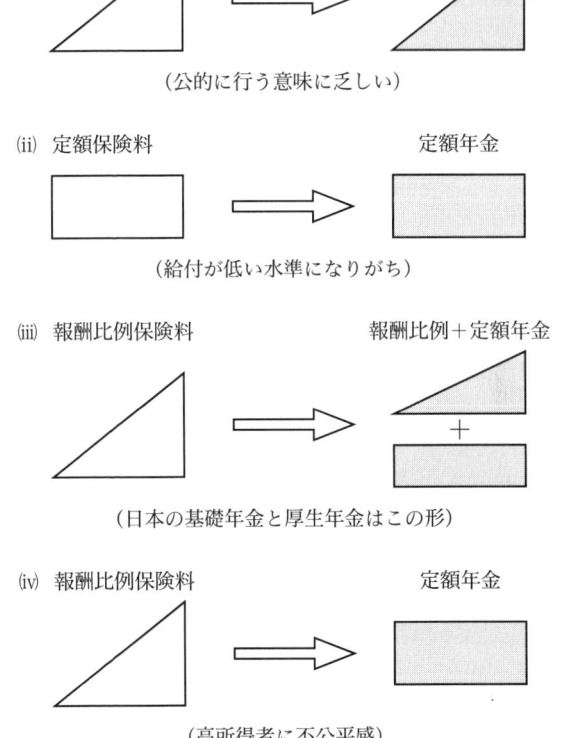

(i) 報酬比例保険料　　　　　　　　　報酬比例年金

（公的に行う意味に乏しい）

(ii) 定額保険料　　　　　　　　　　　定額年金

（給付が低い水準になりがち）

(iii) 報酬比例保険料　　　　　　　　　報酬比例＋定額年金

（日本の基礎年金と厚生年金はこの形）

(iv) 報酬比例保険料　　　　　　　　　定額年金

（高所得者に不公平感）

いものとせざるを得なくなるからである。

　もちろん保険料は報酬比例にして、給付だけ定額にすることも考えられるが（医療保険などはそうなっているともいえる）、とくに金銭給付の場合、それでは高い保険料を払う側の不公平感が強くなるだろう（**2.5**および**4.5**をあわせて参照）。

　それらのなかで、このように報酬比例部分と基礎年金部分とがあることが、そこそこの年金水準と、所得再分配とを同時に可能にしているものといえる（図㉔）。

《支給開始年齢》

　すでにふれたように、1階部分の基礎年金は65歳から支給される。

　2階部分の厚生年金は、やはり65歳からの支給だが、以前は60歳（女性は55歳）だったのを、少しずつ65歳からに引き上げている途中である。

　具体的には、生年月日があとになるほど、支給開始年齢が遅くなる。たとえば男性では、1961年4月2日生まれ以降であれば、65歳支給開始になる。女性であれば5年遅れで、1966年4月2日生まれ以降であれば、65歳支給開始になる。

　なお、そのように2階部分も1階部分と同様に65歳に揃えていく方向ではあるが、その「65歳」の意味合い自体は、自営業者と勤め人とでは異なるものでもある（**6.3**の【**クローズアップ**】を参照）。

6.10　在職老齢年金 ── 雇用と年金の調整

　公的年金は、「稼ぐ力が失われたとき」のカバーだと考えれば、近時は高齢でも元気で働いている人が多いことから、そこでの取扱が問題となる。実際に収入を得ているのであれば、年金を払わないのが本来の筋だともいえるからである。

しかし仮に収入を得ていれば、年金を払わないことにすれば、ひとつには同じように保険料を払ってきたのに、高齢になっても働いていると年金の面では「損」になってしまうし、またそういう仕組みであれば、仮に働けるとしても、働かずに年金を受け取るという行動を促してしまう。

　そこで実際に収入を得ているかどうかではなく、「働けるかどうか」を個別に判定して、それによって年金支給の可否を決めることも考えられるが（実際に生活保護や雇用保険ではそれに近いことをやっているのだが）、働けるかどうかというのは、仕事にもよるところがあるし、そういう判定をたとえば高齢者すべてについて、毎年行うというのは現実的ではない。

《現行の調整方法》

　すると、実際に働いている（収入を得ている）高齢者について、どう扱うかが問題となる。

　すでにふれたように、ひとつの解決としては、収入を得ていても、そのまま年金は払うという方法があるが、それでは問題の出発点である「稼ぐ力が失われていない」という疑問への応答になっていない。

　そこで逆に、収入があれば、年金支給を止める、あるいはその分の年金を減らすという解決が考えられるが、そうすると「なまじ働いていると、年金が減ったり止められたりしてしまう」ということで、雇用を阻害するというジレンマに直面する。

　そこで現在取られている解決は、「賃金に応じて、年金を少し減らす」という方法である。具体的には、一定基準を超える報酬額の「半分」だけ年金を減らすという手法である。〔この一定基準は、60〜64歳で28万、65歳以降で47万円である（2015年）。〕これを在職老齢年金の仕組みという。ただし基礎年金は減らさず、厚生年金についてだけ、この仕組みが適用される。また賃金と年金の合計が

一定額〔47万円（2015年）〕を超えると年金全額が調整される。

《具体例（60〜64歳の場合）》

たとえば今、60歳代前半で、賃金が14万円、厚生年金も14万円だったとする。〔合計28万円までは調整されない。〕そこで、そこからもっと仕事をして、プラスであと10万円の賃金を稼いだという場合、どうするかを考える。

年金支給がそのままなら、総収入は28＋10＝38万円になる。合計でこの程度ならいいとしても、このままどんどん合計額が増えて行くと、年金支給の前提であるはずの「稼ぐ力が失われている」という想定と合わなくなる。

そこで、このケースでいえば、収入が増えた10万円の半分である5万円だけ、年金を減らすのである。そうすると、賃金が14＋10＝24万円、年金が14－5＝9万円になり、賃金と年金の合計は33万円になる（図㉕）。

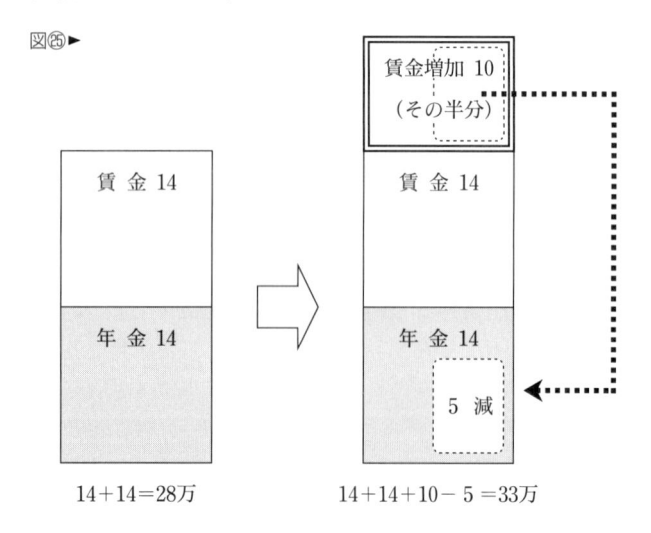

図㉕▶

賃金 14	賃金 14
年金 14	年金 14
	5 減

賃金増加 10
（その半分）

14＋14＝28万　　14＋14＋10－5＝33万

《その評価》

　これを、仕事を増やす前と比べれば（つまり図㉕の左右を見比べると）、年金は減っているが、収入の合計額は28万円から33万円に増えている。そのまま38万円にはなっていないが、従前の28万円より合計収入は増えるので、そちらを選ぶ人は、一定数はいるであろう。

　別の言い方をすれば、「仕事は増やさず、28万円」（左のまま）という人と、「仕事を増やして、33万円」（右を選ぶ）という人に分かれるだろう。そのように少なくとも一定数が、「年金が少し減っても、総収入が増えるのであれば、もっと働こう」という行動をとれば、雇用面ではよいことであるし、年金財政としても、全額（14万円）を払うときと比べれば、一定の削減（この場合は5万円の削減）が可能となる。

　この制度を好意的に評価すれば、そのように「良いことづくめ」ということになる。しかし逆に、「働いたら年金を減らされるくらいなら、働くのはやめよう」という行動（図㉕の右から左に移動する行動）が多いと、雇用面でも年金財政面でもマイナスになってしまう。だからその基準や減額率の設定が、非常にデリケートで難しいといえる。

6.11　年金のスライド

　各人の年金額は、支給が開始される際に、それまでの保険料納付額などをもとに決められる（これを年金額の裁定という）。

　この年金額を決定する際に、報酬比例の年金であれば、過去の報酬額が、年金額を決める大きな要素になるが、その過去の水準を「再評価」という手法で補正することについてはすでにふれた（**6.9**参照）。

　そして一度年金額が決められた後も、経済成長が続くと考えれ

ば、支給開始後も随時、この再評価を繰り返してもおかしくないのだが(実際にかつて(2004年の法改正まで)は賃金スライド、あるいは可処分所得スライドという形でそうしていたのだが)、今はそうしていない。

ただ物価が上昇した場合には、物価スライドという形で、年金額を引き上げることとしている(逆に下がることもある)。この物価スライドは、国民年金の給付にも適用されている。

```
年金額決定時(裁定時) →  賃金再評価
その後            →  物価スライド
```

これらに加えて、マクロ経済スライドという仕組みが導入されている。これは、現役の被保険者数が減少して(そうすると現役層1人当たりで高齢者を支えるための支出が多くなる)、逆に受給者の寿命が伸びた場合に(そうすると生涯で受け取る額が多くなる)、それらの割合に応じて、賃金や物価の上昇に伴う年金額の伸びから一定の率を減らすというものである。

物価スライドや賃金(可処分所得)スライドが、年金額を増やす(目減りしないようにする)ための措置だったのに比べて、このマクロ経済スライドは、むしろ年金制度を維持するために、年金額の伸びを抑えるための仕組みだといえる。

● **Coffee break** ● 「うちわ・扇風機・クーラー」とスライド制

かつては暑いとき、「うちわ」や「せんす」であおいでいた。それがやがて「扇風機」があらわれて、今では「クーラー」が普及するに至っている。

この「うちわ→扇風機→クーラー」というのが、経済成長で生活が豊かになってきたということである。「経済ばかりではダメだ。環境や心の問題が大切だ」といっている人たちにしても、う

ちわや扇風機しかなかった時代に戻りたいとは思わないだろう。

6.9の【coffee break】でもふれたように、物価の上昇よりも、通常は賃金の上昇が上回る。そのようにして人々は、実際に「うちわ→扇風機→クーラー」という形で経済成長の果実を享受してきた。すなわち賃金アップのおかげで、多少値上がりした「うちわ」（数百円）にとどまらず、「扇風機」（数千円）に、さらにより高価な「クーラー」（数万円）に手が届くようになったわけである。

そこで、たとえば「うちわ」（数百円）の時代に働いてきた（保険料を納めてきた）勤め人は、年金額を決定する際に、賃金スライドが適用されることにより、「扇風機」（数千円）が買えるような年金額を支給される。経済成長の果実が、年金額に反映するのである。その後、さらに物価が上がっても、物価スライドにより年金も上がるので、扇風機が故障しても、多少値上がりした新しい扇風機（数千円）を買い替えられる。

しかし、すでにみたように年金開始後には賃金スライドはされないので、その後に「クーラー」（数万円）が普及するに至っても、それには手が届かない。

このように、年金開始後の経済成長の果実については、年金受給者には及ばないことになる。たとえば現役層が「クーラー」を使うようになっても、年金受給者は「扇風機」でがまんしろというわけである。

こう書いてしまうと、なんとも気の毒なようだが、実際には年金保険料の負担により、むしろ現役層の方が苦しいという逆転現象を防ぐために、世代間の公平という観点からこのようにせざるを得なくなっているものといえる。

6.12 年金の種類

公的年金の中心は老齢年金だが、それ以外の給付として、障害年金、遺族年金がある。

本当は他にもいろいろある。たとえば「短期在留外国人の脱退一時金」という給付があり、これは外国人が、保険料は支払っても、ずっと日本にいるわけではなく、いわば掛け捨てになってしまうことへの対策でもある（もっとも別途、掛け捨て対策という意味では各国との個別の通算協定もある）。またあとでふれるように、国民年金では死亡一時金や寡婦年金も、掛け捨て防止の役割を果たしている（**6.14**参照）。

　しかし法体系的には老齢年金と障害年金と遺族年金の3つが日本の公的年金の中心的な給付であり、諸外国でも多くはそうなっている。さらに給付額としては老齢年金が圧倒的であり、それ以外は「おまけ」のようにみられがちでもある。

　ただ、これらを一元的に位置づけることも可能である。すなわち**6.2**でみたように、公的年金は稼得能力（*所得を稼ぐ力*）が失われた（低下した）ときに保障する仕組みだととらえると、

> 高齢になって、稼ぐ力がなくなった　　→　老齢年金
> 障害により、稼ぐ力がなくなった　　　→　障害年金
> 稼いでいた世帯主が死んで
> 　　世帯として稼ぐ力がなくなった　　→　遺族年金

というように、統一的に整理ができる。

（((クローズアップ)))　障害年金を真ん中においてみる

　「稼ぐ力が失われる」という点を重視すれば、（遺族年金はやや別だとしても）障害年金と老齢年金とは連続的に、むしろ障害年金を中心として位置づけることができる。つまり早い時期に（たとえば交通事故により）稼ぐ力がなくなったときに障害年金が支給されるのに対して、高齢期になるまで「しつこく（？）」稼ぐ力があり、高齢期になって「やっと（？）」稼ぐ力がなくなった

場合に支給されるのが、老齢年金ということになる（図㉖）。

これはやや奇妙な見方かもしれない。しかしこれは障害者を特別のものとしてではなく、むしろ人は「遅かれ早かれ」障害者になるのだという見方でもある（それはいわゆるノーマライゼーションの考え方にも近いかもしれない）。

そしてまた公的年金が、単なる（強制的な）老後貯蓄にとどまらず、保険の仕組みである点を重視して、社会保険の一翼を担うものとして、より積極的に位置づける考え方でもある。

ちなみにこの「遅かれ早かれ」というのは、民間の生命保険でもみられる発想である。すなわち現在、もっとも一般的な生命保険商品である終身保険は、人間は「遅かれ早かれ」いつか死ぬということを前提に、その際の保障を提供するものである。それらは総じて、長期保険という設計の考え方でもある（**1.5**参照）。

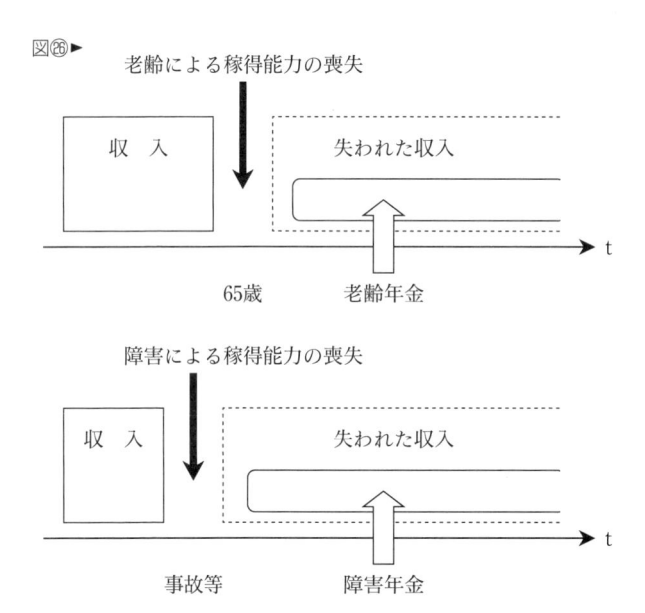

図㉖▶

老齢による稼得能力の喪失

収　入　　失われた収入

65歳　　老齢年金

障害による稼得能力の喪失

収　入　　失われた収入

事故等　　障害年金

6.12 年金の種類

《1人1年金の原則》

　このように老齢、障害、遺族という3種類の年金があり、若干これらをまたがる組み合わせはありうるが、基本的にはいずれかの種類しか受給できない。これを「1人1年金の原則」という。

　これは、年金があくまで「稼ぐ力が失われた」のをカバーするものだからだといえる。仮に「老齢で、かつ障害で」というように要件が2つ（さらには3つ）重なっても、収入が「2倍（また3倍）失われる」わけではないので、年金を多くもらえるということはない。失われた分を、年金により一定程度、元に戻すだけなのである。

6.13　障害年金

　被保険者が障害者になったときに、障害年金が支給される。このような位置づけは、ここまでみてきた内容との関係からも重要である。つまり障害者「全般」ではなくて、基本的には働いて所得を稼いでいた人が障害者になって、その稼ぐ力が失われたときに、障害年金が支給されるのである（**6.12**の図㉖を参照。そのような位置づけへの是非や賛否は別として、そのようにみると現行制度が理解しやすいということである）。いいかえればもともと（生まれたときから、あるいは子どものときから）障害者であった場合は、原則として対象とならない（ただし例外につき、あとでふれる）。

　年金給付には、老齢年金と同じく、障害「基礎」年金と障害「厚生」年金とがある。つまり国民年金の被保険者が障害年金の要件に該当したときには障害基礎年金（1階部分）が支給され、勤め人の場合には、これに加えて障害厚生年金（2階部分）が支給される。

《**要件と年金額**》

　このとき支給額は、老齢年金が基準となる。それはあくまで年金とは、「いくら必要か」というよりは、所得を稼ぐ力が失われた分をカバーするためだからだといえる。

　だから「二級の障害」（労働能力が高度の制限を受ける場合。たとえば片手、片足の欠損など）のときには、1階部分、2階部分ともに、基本的に老齢年金と同じ額が支給される。

　すなわち、まず1階部分の障害「基礎」年金については、老齢基礎年金の満額〔年額約78万円〕と同じ額となる。老齢基礎年金では、何年間、保険料を納めていたかにより年金額が決まってきたが（**6.7**参照）、障害年金の場合は、いつ障害者になるかは分からないので、障害者になった時点で、満額の年金額の支給がされる（保険の考え方に沿って、いわば「保険は四角」なのである（**1.5**の【**クローズアップ**】を参照）。なお子の数による加算がある）。

　また2階部分の障害「厚生」年金は、報酬比例部分なので、それまでの報酬の額や、被保険者期間によって、支給額が決まってくる（「高さ」×「長さ」で決まるわけである。ただし被保険者期間が300ヶ月（25年）未満なら、300ヶ月として計算され、最低保障がされている。なお配偶者の加給年金がある）。

　そして重い障害の場合、すなわち「一級の障害」（労働能力をまったく喪失し、常時他人の介護を必要とする場合。たとえば両手、両足の欠損など）のときには、これらを1.25倍した額が支給される。

　なお厚生年金では、より軽い等級として、国民年金には無い3級・障害手当金がある（3級の支給額は2級と同額だが、配偶者への加給が無い）。これは勤め人の場合、より軽い障害（労働能力に著しい制限がある程度の障害。たとえば数本の指の欠損）であっても、そこそこ定型的に業務（稼得）能力が低下するためと考えることができる（これに対して自営業者については、稼ぎ方もいろいろなので、その軽い障害によって稼ぐ力が定型的に低下するとまでは言いがたい。だからこれを

カバーするために、全員から保険料を集めることにはしていないものといえる）。

《保険料納付要件》

すでに6.7でみたように、被保険者である間に、保険料を払っていなかった（未納）ことがありうる（とくに自営業者等の場合）。そこで老齢基礎年金では、一定の年金資格期間を設定していたが、障害年金の場合、何歳のときに障害者になるかは分からないので、一律の資格期間は設けられない。たとえば「障害者になるのは、被保険者になって10年以上経ってからにしてください」などと頼むわけにはいかない。

そこで、被保険者である間に原則として未納期間が1/3以上はないことを法律上の要件としている。つまり「障害者になるまでの間」でみて、あまり未納期間が多いとダメだということである。加えて過去1年間に未納がない場合にも、要件を満たすものとしている。

● Coffee break ●　障害年金は「ソロデビュー」すべきか

お笑いコンビでも音楽グループでも、解散してしまうと、中心的なメンバーはその後もピン芸人やソロアーティストとして活躍するものの、そうでないメンバーは活躍の場を失うことが多い。コンビやグループとしてやっていたからこそ、全員が目立つことができていたのである。

ところで老齢年金は、一般的に皆が受給することを想定しているのに比べて、障害年金はかなり性格も異なるので、公的年金とは別立てにしてはどうかと主張されることがある。実際、現行制度が老齢年金中心に組まれているのは確かである。

他方、障害者については所得保障の必要性はとくに高いともいえるところ、年金制度の枠内では、「失われた所得をカバーする」という基本的な性格を越えるのが難しい。

したがって、むしろ年金制度とは別枠にして、公的年金の水準に影響されずに、水準を引き上げるべきだと主張されるわけである。実際、スウェーデンでは障害年金を老齢年金とは切り離して位置づけられるようになった（2003年〜）。

　ただ障害年金の水準は、公的年金のなかに位置づけられたことによって、老齢年金とともに戦後、一挙に給付は充実してきたという面もあるように思う。公的年金から障害年金を切り離すことで、その給付水準がさらに飛躍的に改善するかどうかは分からない。

　障害年金の独自性に鑑みて、その「ソロデビュー」を望む声は少なくないのだが、ひいきの引き倒しにならないように、やや慎重に考えたほうがいいように思う。

《《《クローズアップ》》》 障害年金の水準

　障害者の所得保障は、重要な課題である。とくに障害者のための諸サービス利用時にも、利用者負担がかかることもあり、そのような利用者負担に耐えられるようにという配慮も必要である。

　このようなとき、利用者負担の方を減免するのもひとつの方策だが、むしろ所得保障を充実させていく方が、障害者の生き方の幅を広げる点で、望ましいように思う。所得を保障されたうえで、負担とともにサービスを利用するかどうかの選択肢をもてるからである（つまりそのサービス以外に支出を振り向けることもできる）。

　しかしすでに（【coffee break】で）ふれたように、障害年金を独立させて充実を図ることには困難を伴うとすれば、むしろ年金内部のいわば内在的な議論として、障害年金の水準を引き上げる工夫の余地はないだろうか。

　たとえば通常の世帯でも共働きが標準的になってきたことから、保育所整備の圧力は強まっているし、就労支援策は花盛りである。障害者にしてもOA機器のおかげで就労機会は増えてきている面がある（その代わりに障害者間の格差も広がりつつある）。

> それらのことに着目すれば、逆説的だが、いわばその反面として「どうしても就労できない」ことの痛みは、より大きく評価する必要性が高まっているのではなかろうか。いいかえれば「就労できないこと」自体の機会費用をより高く見積もって、障害や就労不能の際の年金水準をかさ上げしていくことがあってもおかしくないように思う。
>
> 片方では少しでも働けるなら、働けるようにという支援が充実してきている以上、他方でどうしても働けない層への支援も上積みしていくことが、バランス的にあってもいいだろう。それらを障害年金の水準に反映させる理屈を模索する余地はあるのではなかろうか。

《20歳前の障害》

被保険者が障害者になって、稼ぐ力を失った場合に、障害年金が支給される。すると被保険者になる前に（さらには先天的に）障害者になっていた場合にはどうか。

被保険者にもなっておらず、保険料もまったく払っていないのだから、年金は支給されないというのがひとつの筋であろう。保険に入る前に事故が起きたのに、保険に入っていたことにして、保険給付を行うというのはおかしい。

もっともこの場合は、そもそも保険料を払うチャンスがなかったということもできる。そこで現行制度では20歳前の障害については、20歳になった時点から障害基礎年金が支給されている（国民年金法30条の4。ただし所得制限がある）。

このことに関して、制度の位置づけとしての批判はある。支給するのがよくないというのではなくて、内容が異質なので年金制度としては分かりにくくなってしまうということである。実際に、これはかつては無拠出の「障害福祉年金」という、いまの障害年金とは別の形で支給されていたものであるし、実質的にはむしろ

特別児童扶養手当（障害児を養育する家庭に給付される。**7.3**参照）の延長というべきかもしれない。ただ、逆にこれを今から年金制度から切り離すのも難しそうである。

6.14 遺族年金

　老齢年金、障害年金と並ぶ公的年金の柱は遺族年金である。保険事故としては、老齢と障害に加えて「死亡」があるということになる。遺族年金についても、１階部分の遺族「基礎」年金と、２階部分の遺族「厚生」年金とがある。

　この遺族年金の意義については議論があるが、基本的には被保険者に生計維持されていた遺族の生活保障だといえる。すなわちそれまで稼いでいた世帯主が死んだ場合に、世帯全体として所得を稼ぐ力が失われるので、その世帯主に扶養されていた遺族に年金を支給するというものである（図㉗）。

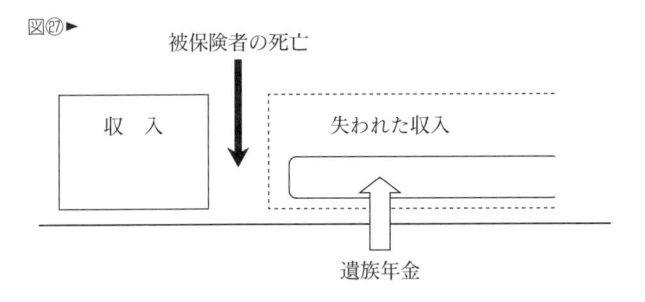

図㉗▶
被保険者の死亡
収入
失われた収入
遺族年金

　あわせて世帯主がすでに老齢年金を受給していた場合には、その世帯主が死ぬと、その年金が途絶えて（死亡により老齢年金の支給は終了する）、その世帯にとっては収入がなくなるので、やはりその老齢年金にいわば扶養されていた遺族に年金を支給するということである（図㉘）。

　これらが遺族年金の基本的な趣旨といえる（なお、とくに厚生年

図㉘▶

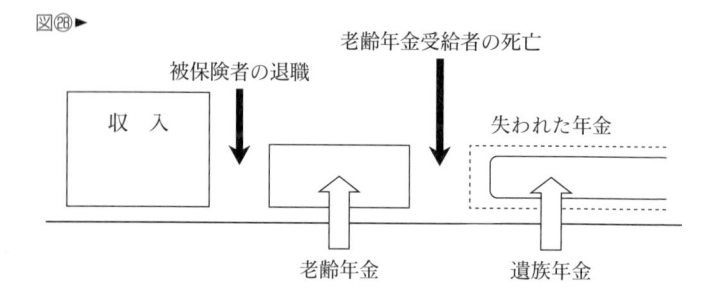

被保険者の退職　　老齢年金受給者の死亡

収　入　　　　　　　　　　　　失われた年金

　　　　　　　　　老齢年金　　　　　　遺族年金

金では前者のための支給要件を短期要件、後者のための支給要件を長期要件ということがある）。

　ただ、もうひとつの視点として、もしも遺族年金がなければ、現役期に、あるいは退職後に（年金を受け取り始めてすぐ）死亡した場合には、まったくないしはあまり年金をもらえないということになる。このとき保険料はいわば掛け捨てになってしまう。遺族年金があれば、そのことを一定程度、防ぐことができる。

　なお国民年金では、死亡一時金（第1号被保険者が、3年以上保険料を払って死亡したときに、遺族に一定額（12万〜32万）が支給される）や、寡婦年金（夫が25年以上払って死亡したときに、60〜65歳未満の間、夫の年金額の3/4の額が支給される）なども、同様の役割を果たしている。

《対象と年金額》

　まず1階部分の遺族「基礎」年金は、「18歳未満の子のいる配偶者」が対象となり、そのような配偶者がいなければ「18歳未満の子」が対象となる（沿革的にはいわば母子年金ないし遺児年金といえる）。年金額は、基本的に老齢基礎年金と同じ額で、子の数に応じた加算がある。

　次に2階部分の遺族「厚生」年金は、対象は1階部分より広く、配偶者または子、父母、孫、祖父母の順で（先順位の遺族がいなければ）順次対象となる（同順位に複数いれば、年金額が按分される。）

年金額は、老齢厚生年金の3/4の額が基本となる。とくに二階部分は報酬比例部分で、被保険者本人に対してではない「移転」でもあり、そのままの額にはならない（3/4になる）ものと理解できる（なお40歳以上の妻については加算がある）。

ただし「30歳未満の、子のない妻」については、支給は5年間に限られる。自身で就労して、所得を稼ぐことが可能だろうという想定である。

ただいずれにせよ対象となる遺族は、死亡した者によって生計を維持されていたことが要件となる。具体的には生計が同一で、しかも収入がとても高くないこと〔850万円を超えていない〕などの要件がある。

(((クローズアップ))) 遺族年金の評価

この遺族年金の設計は、いわゆる男性稼ぎ手モデル（妻が専業主婦）に沿ったものだといえる。そこで家族の姿も変わっているのだから、年金も完全に個人化して、遺族年金は廃止するべきだという主張もある。今後とも議論は続くことが予想される。

ただ、もし将来的に遺族年金が廃止されるようなことがあれば、年金の体系は大きく変わることに加えて、すでにふれた掛け捨て問題が正面に出てくることになろう。もちろん保険なので、掛け捨てが「よくない」わけではなく、むしろ大いにあり得るのだが、そこは保険をめぐる日本的特質にかかわる問題だともいえる（1.5の【クローズアップ】を参照）。

またその場合、長期間にわたる経過措置が必要となる可能性も高い。実際そういう改正に伴う経過措置が多いことは、年金制度の複雑さのひとつの大きな要因となっている。

《夫の遺族年金と妻自身の老齢年金》

遺族年金は、そのように遺族への支給であるため、配偶者自身の年金との間では、調整が必要になる。たとえば夫が死んで、妻

がその遺族厚生年金を受け取る場合（逆でもいいのだが）、妻自身も厚生年金に入っていれば、その自分自身の老齢厚生年金との関係が問題となる。

ここで公的年金は「稼ぐ力が失われた場合」のカバーだと考えれば、「夫の遺族厚生年金」と「自分の老齢厚生年金」の両方をもらえるというのはおかしい。稼ぐ力が「二倍失われる」わけではないからである（**6.12**参照）。

だからそのように複数の年金をもらえそうな場合でも、どれかひとつの（もっとも高い）年金を選択することになり、重複してもらうことはできない（基本は自分の老齢厚生年金が支給され、遺族厚生年金の方が高いとその差額が支給される）。

ただそうすると、両方が重なっている部分については、せっかく2人それぞれが保険料を払って積み上げてきたものなのに、何か無駄だったようで、割り切れないものがあるかもしれない。同じコンサートの切符を2枚買ってしまった（どのみち1枚しか使えない）みたいな印象がある。やはり夫だけが外で稼ぐことを念頭に全体の制度設計がされているのは否定できない。

なお両者の老齢厚生年金を折半した額を受け取るという選択肢も用意されていて、重なった部分について、若干救済される余地がある。

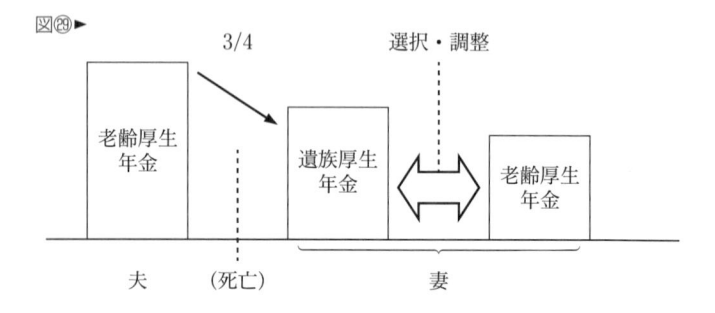

図㉙▶

6.15 第3号被保険者の取扱

　勤め人世帯の専業主婦は（あるいはその期間は）、保険料を支払わずに、基礎年金が支給される。この取扱はいわゆる第3号被保険者問題として、しばしば大きな論点として取り上げられる。働いている女性や、国民年金での自営業者の専業主婦との間で、不公平だと指摘されるからである。

　医療保険においては、被用者のための健康保険では、被扶養者（配偶者や子ども）は、世帯主である勤め人本人にいわば「くっ付いて」いて、それらに要する療養費は、勤め人本人にあわせて支給されるということであった。別に被扶養者がいる世帯主が、その分の保険料を多く払っているというわけではなかった（**2.8**参照）。

　考え方は、公的年金も同じである。勤め人に「くっ付いて」いる被扶養配偶者に、老齢という保険事故が発生すると、年金給付が支給される。別にその分の保険料を世帯主が多く払っていたわけではない。

　この考え方（つまり「夫に扶養される妻」という位置づけ。もっとも女性に限るわけではないが）自体が古いのではないかという点はあるものの、健康保険と同様に、一応の合理性はある（**2.8**参照）。ただ問題は公平性であり、その点を以下でみてみたい。

《具体例》

　たとえば「年収400万の夫（A）とその専業主婦（B）がいる家庭」と、「それぞれ年収400万のいわゆる共働き夫婦（CとD）の家庭」とを比べてみる。すると、AもCもDも同じ年収だから、保険料は（報酬比例で）同額である。したがって共働き世帯は、専業主婦世帯の2倍の保険料を払っていることになる。

しかし、もらえる年金を比べてみると、基礎年金は、A、B、C、Dそれぞれが同じだけ受け取る。また2階部分については、これも報酬比例なので、A、C、Dともに同額である。つまり世帯ごとに比べてみると、前者の世帯（AとB）では「2人分の基礎年金」と「1人分の報酬比例部分」、後者の世帯（CとD）では「2人分の基礎年金」と「2人分の報酬比例部分」を受け取ることになる。そうすると、後者は前者の2倍には及ばない（図㉚。なお記号の表記は**6.6**の「牛丼の喩え」を踏襲している）。

図㉚▶

◇専業主婦世帯〈ⅰ〉

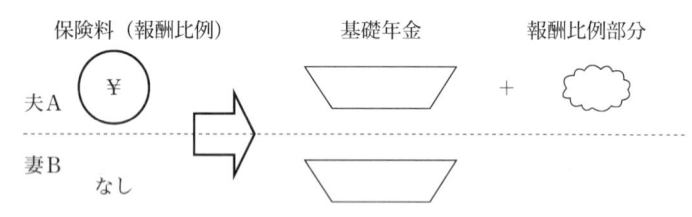

　　　保険料（報酬比例）　　　　　基礎年金　　　　　報酬比例部分

夫A　　　　¥　　　　⇒　　　　　▱　　　　＋　　　☁

妻B　　なし　　　　　　　　　　　▱

◇共働き世帯

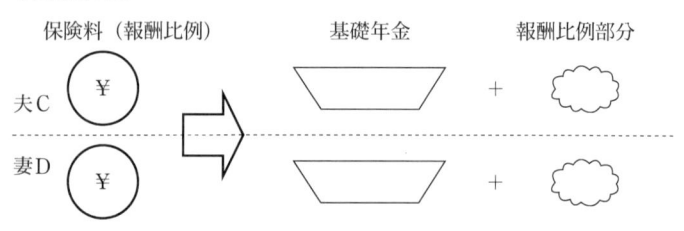

　　　保険料（報酬比例）　　　　　基礎年金　　　　　報酬比例部分

夫C　　　　¥　　　　⇒　　　　　▱　　　　＋　　　☁

妻D　　　　¥　　　　　　　　　　▱　　　　＋　　　☁

要するに世帯同士で比較すると、後者の世帯（CとD）は前者の世帯（AとB）の2倍の保険料を払っているのに、年金は2倍にはなっていないのである。

これはいうまでもなく専業主婦（B）が、保険料負担なしに、基礎年金を受け取っているからである。それは共働き世帯からすれば、不公平ではないかということになる（共働き側から専業主婦

側に、所得が移転していることになる)。

しかしここで別の例として、たとえば「年収800万円の夫(E)とその専業主婦(F)」という専業主婦世帯〈ii〉のケースを考えてみる。このとき保険料は、年収400万円のときの倍になる。つまり保険料は、共働き世帯(CとD)の世帯としての合計額と一緒である。

そして年金額は、2人分の基礎年金と、Eの報酬比例部分だが、この報酬比例部分は年収400万円のときの倍になる。つまり年金額も、全部足すと、共働き世帯(CとD)の世帯としての合計額と一緒になる(図㉛)。

図㉛▶

◇専業主婦世帯〈ii〉

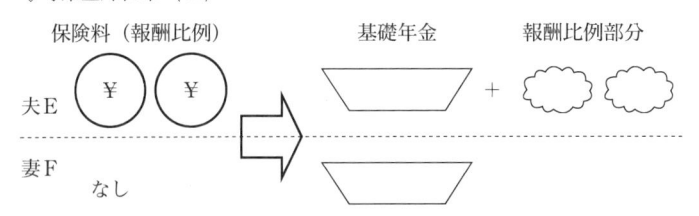

◇共働き世帯・再掲

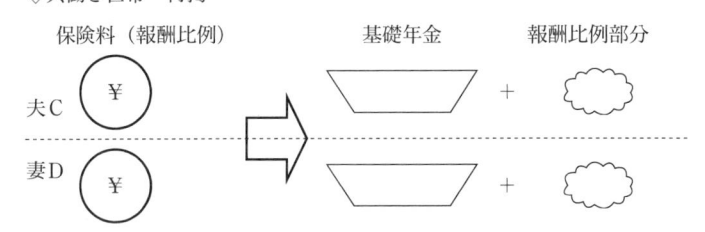

これがたとえば共働きで、夫が500万円で、妻が300万円でも、あるいはその逆(妻が500万円、夫が300万円)でも、要するに合計額が800万円であれば、受け取る年金の合計額は一緒になる。

結局のところ、世帯単位で、収入の合計額が一緒であれば、保

険料の合計額も一緒であり、年金額の合計も（内訳は別として）一緒になるということが分かる。

《その評価》

このように専業主婦世帯だろうと、共働き世帯だろうと、世帯単位で収入が一緒であれば、保険料の合計も一緒であり、年金額の合計も（内訳はさまざまであるものの）一緒になるというのが、現行制度の仕組みである。

だから、これは少なくともひとつの公平性の姿ではあろう。日本の家庭というのは、「サイフ共同体」である。家の中でどれが誰のものか（たとえば家具や電化製品にしても）、明確に区分されているものではない。そこからすれば、世帯単位で公平性を確保している現在の方法は、あながち不合理なものではないだろう。

6.6の【**クローズアップ**】で、基礎年金を通じた所得再分配についてみたが、そのひとつの帰結がここにあらわれているといってもよい。逆にいえば公的年金のなかでの所得再分配を断念すれば、この問題も自然に解決できる（あるいは消失する）のだが、それでいいのかということでもある。

それでもたとえば単身世帯のモデルを入れると話は変わってくる（上記の定式は妥当しなくなる）し、結婚モデル、ないしは専業主婦世帯モデルを前提として年金が設計されていることは間違いない。だから今のままでいいか、議論の余地があるのも確かである。ただここでの説明の主眼は、個々人単位の（いいかえれば個々人にバラバラに分解してみたときの）公平性という点だけから「現行制度はおかしい」というのはやや短絡的だということである。

なお自営業者世帯の専業主婦は、第1号被保険者なので、保険料を負担しており、これとのバランス問題がしばしば指摘される。確かにこれも個人単位ではバランスを欠くのであるが、そもそも自営業者と勤め人世帯では、社会保険加入についての構造が大き

く違うので、同様の「アンバランス」はたくさんあり、ここだけをとらえて議論するのが適切かどうかは留保を要しよう。

《離婚の際の年金分割》

ところで、とくに妻が専業主婦の場合は、夫婦の老後は、ふたり分の基礎年金と、夫の厚生年金とで暮らすことが想定されている。ところがここで離婚した場合、厚生年金は夫名義なので、すべて夫の方に行ってしまい、妻に不利になる。これを解決するために、2008年（平成20年）4月からの保険料によって積み上げられた年金については、離婚の際には自動的（強制的）に分割することとされた（図㉜。これを「3号分割」という。2008年以降に積み上げられた部分についてということであり、遡って分割されるものではない）。

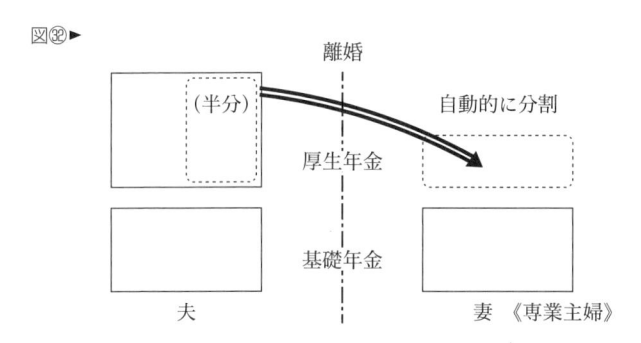

図㉜▶

なおこれとは別に、双方の合意があれば、厚生年金の部分を離婚の際に分割できる（これを「合意分割」という）。この場合は、分割割合は報酬合計額の1/2までの範囲で自由に決められ、また共働きの期間も対象となる。合意できない場合には家庭裁判所が按分割合を定める。

6.16　財 政 方 式

　実際の金銭の流れについては、年金の財政方式として、賦課方式と、積立方式の2つが代表的なものとされる。
　各人（あるいは各世代）が、それぞれ自分（たち）の老後のために積み立てておくのが積立方式である（図㉝）。

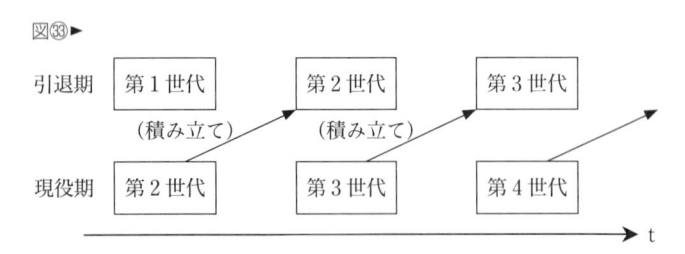

図㉝▶

引退期	第1世代	第2世代	第3世代
	（積み立て）	（積み立て）	
現役期	第2世代	第3世代	第4世代

　これに対して、各人（あるいは各世代）が払った保険料を、そのままそのときの現在の高齢者の年金にあてるのが、賦課方式である（図㉞）。現役層に保険料を「割り当てる＝賦課（ふか）する」という意味である。

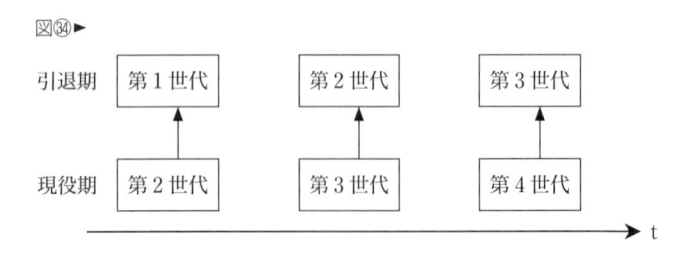

図㉞▶

引退期	第1世代	第2世代	第3世代
	↑	↑	↑
現役期	第2世代	第3世代	第4世代

　制度発足当時は、基本的に積立方式に近い内容でスタートしたのだが、年金給付が先行的に拡大し、保険料の引き上げは遅れがちであったことから、徐々に賦課方式に近づいてきた。しかも高齢者層が増加して、若年人口は減少する一方、低金利で年金積立

金による収益もあまり出なくなって、ますます賦課方式に近づくことになっている（図㉟）。

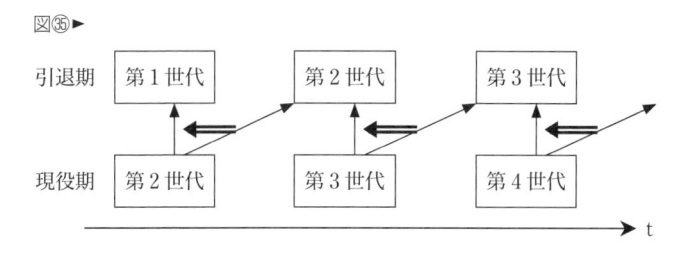

図㉟▶

```
引退期  [第1世代]      [第2世代]      [第3世代]
           ↑  ↖         ↑  ↖         ↑  ↖
           ↓   ↘        ↓   ↘        ↓   ↘
現役期  [第2世代]      [第3世代]      [第4世代]
                                              ─────▶ t
```

現状では、基礎年金部分については、ほぼ賦課方式といえる状況にある。〔2013年度末の積立金額は、厚生年金が約123.6兆円、国民年金が約8.4兆円である。〕

現在の計画では、100年後に1年分の積立金額（バッファー的な準備資金）だけを残す方向で調整している。いわば積立金を取り崩しているわけで、それは保険料の上昇を抑えるためでもある。

いずれにせよ同じ積立金額でも、見方によって「全然足りない」とも「多すぎる」とも評価されうる点に、注意を要する。つまり積立方式を「あるべき姿」とみれば、現状はまったく積み立て不足であるが、逆に賦課方式を「あるべき姿」とみれば、現在の積立金は余計なもので、むしろこれを（たとえば保険料の引き下げなどの形で）国民に還元すべきだということになる。

それはコップに水が半分入っているときに、感想が「半分しかない」と「半分もある」とに分かれるという話に似ている。

● **Coffee break** ●　年金未納問題と年金破綻論

「年金の保険料を払わない人が増えると、年金財政が破綻する」としばしば指摘される。確かに賦課方式のもとでは保険料の収入が減ってしまえば、年金財政が危機に瀕するように思える。

ただ、保険の仕組みのもとでは、保険料を払わなければ、給付

は発生しない。つまり保険料を払わない人（未納者）が増えても、将来的に年金財政が深刻な問題になるわけではないといえる。

とくに未納が問題となるのは国民年金の自営業者等であるが（勤め人等は、給料からの天引きなので、普通は未納は考えづらい）、国民年金（基礎年金）については財源の1/2に税金が投入されているので、ますます問題は「薄まる」ともいえる。保険料の未納行動も、残り1/2の税財源には影響を与えないどころか、保険料の未納者も納税は免れられないので、その納税分は、拠出するだけで給付に結びつかないという、いわば寄付みたいなものになり、年金財政としては「助かる」とすらいえるからである。

ただ、基本的に賦課方式のもとで、今の現役層の保険料が今の高齢者を支えている以上、ある日突然、きわめて多くの人が保険料を払うのを突然やめてしまうと、深刻な事態になることは間違いない。ただちに年金支払に支障が生じることにもなるし、厚生年金側（勤め人側）にしわ寄せが来ることも考えられる。

もっともこれは「突然、非常に大量に」未納が発生した場合の話である。そのような突発的な事態があれば、公的年金に限らず、ほとんどの物事は対応不可能になるものだといえるだろう。たとえば国債引き受けなどもそうだろうし、あるいは突然ほとんどの人がまったく法律を守らなくなったりしたら、秩序は根元から崩壊して、政府としても対応不可能であろう。

その意味では公的年金も、あるいは法律や制度一般も、「自己実現的」な側面を持っているといえる。つまり「多くの国民が従っているから、成り立っている」という、いわば循環的なところがあるわけである。

あわせてしばしば「年金は破綻する」といわれるものの、そのときの「破綻」とは何を意味しているのか、慎重に見定める必要があろう。日本ではすぐに物事が「崩壊した」と喧伝されるところがあるが、負債が超過しているという意味では、すでに公的年金も企業年金も崩壊していることになるし、それであれば多くの企業もすでに崩壊していることになろう。

7. 社会福祉、児童手当、その他

7.1 社会保険以外の諸施策

　以上で各社会保険の説明を終えるが、社会保険以外の社会保障の内容について、少しずつだがふれておきたい。

　社会保障を構成しているのは、社会保険だけではない。**1.6**でみたように、税金を財源として給付される諸施策があり、公的扶助（生活保護）や、社会福祉の領域の多くがこれにあたる。また個々人への給付とは別の、インフラ整備としての対応も社会保障の大きな役割であり、保健所や、感染病対策などの公衆衛生がこれにあたる。

　ただ、これらのなかには全体として、あるいは部分的に、社会保険に近接ないし類似しているものもある。またある領域について、社会保険によって対応しているかどうかは国によっても違う。たとえば介護保険については、いち早く社会保険化したドイツを参考としながら、日本でも2000年から社会保険による対応が行われているが、欧米では社会保険によって対応している国はむしろ少ない。

　ここではあくまで現行の日本の諸制度（社会保険以外）について、その概略を述べるとともに、社会保険との関係を含めて整理しておきたい。

7.2 生活保護

　まず生活保護である。これは国民の最低生活を保障する施策として、社会保障において重要な位置を占める。憲法25条1項の「健康で文化的な最低限度の生活」を具体的に保障しているのが

この生活保護で、施策の種類・カテゴリーとしては公的扶助と呼ばれる。

すなわち最低生活水準に収入が達しない場合に、その最低ラインとの差額が、生活保護費として支給される。これを生活保護の中でも生活扶助といい、中心的な給付種類である。ほかに医療扶助、住宅扶助、教育扶助、介護扶助など8種類の給付がある。

生活扶助の基準額について、あくまでイメージとして例示すれば、核家族の3人世帯なら、都会で16万、地方で13万円くらい、また高齢者単身世帯なら、都会で8万、地方で6万円くらいである。

財源は公費（税金）であり、国と自治体で分担する。図①のイメージである。

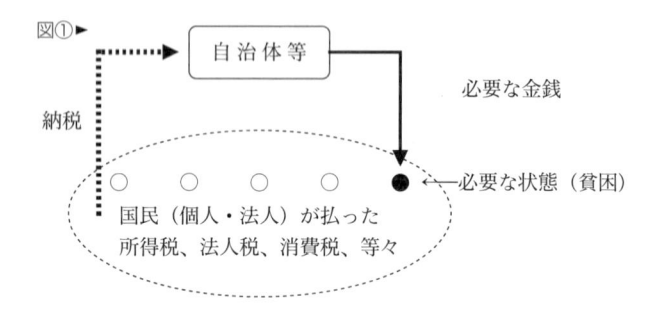

図①
自治体等
納税
必要な金銭
必要な状態（貧困）
国民（個人・法人）が払った
所得税、法人税、消費税、等々

保険料も集めていないので、それと給付が結びつけられることも無い。もっぱら「必要」に応じて、生活保護が支給される。ただしその必要性を判定するために、資産調査（ミーンズテスト。means test）が行われる。つまり収入（フロー）が無いというだけではなく、取り崩すべき貯金やその他の資産（ストック）も無い、また働くこともできない、援助してくれる親族等もいない、ということが要件となる。このように判定が厳しくなるのは、税金が財源であるためでもある。

このような判定はしばしば煩瑣で、しかも困難である。受給者

にとっても、細かく財産の有無などを調べられるのは苦痛で、スティグマ（恥辱感。stigma）を与えるといわれる。逆に受給要件を備えているように装っての不正も起こりやすい。

　社会保険では、このような細かな判定が必要な場面は少なかった。わざわざ保険料を払っていたということで、支給の際には、その必要性を厳密に調べることをある程度省略できるともいえる（もっとも雇用保険などでは、これに類したプロセスが介在していた。**4.4**参照）。

　生活保護の仕組みは、財源的には税金であり、本書でここまでみてきた社会保険とは「まったく違う」ということになる。もっともすでに**1.3**でみたように、社会保険においても、公費負担という形で税金は投入されている。社会保険でも税財源の割合を強めていけば、生活保護や、次のいわゆる社会手当に近づいてくるともいえる。

　また近時では、支給する自治体と受給者の間で、契約に類似する関係が生じることもある（たとえば自立支援プログラムが介在することにより、就労努力を条件に給付するなどの形で）。

7.3　児童手当等（いわゆる社会手当）

　次に、一定の範囲の対象者への一群の金銭給付があり、代表的には子どもを養育する世帯への児童手当がある。これらを総称して社会手当（デモグラント。demogrant）と呼ぶこともある。

　これらは金銭給付を、生活保護のように対象を絞らずに、一定の属性（アスクリプション。ascription）を有する対象に幅広く支給するものであるが、見方によっては、むしろ保険料なしでの（税金を財源とする）年金の給付のようなものともいえる。実際、20歳前障害の場合の障害年金は、あとでみる特別児童扶養手当の延長のような性格も有する。

このなかで、とくに児童手当についてはその財源の一部を、税金に加えて、事業主による拠出が担っている点が注目される。つまり会社は賃金（従業員に支払う賃金の総額）の一定割合を、事業主拠出として支払っている（児童手当拠出金率〔2015年では0.15％〕）。

　これは事業主にとっては、実質的に社会保険料のようなものであり、いわばその従業員の負担分がないだけである（その意味では労災保険（**5.**）の保険料にも近い。**5.4**参照）。

　つまり図②のイメージであり、これはもうかなり社会保険に近い。実は児童手当については、さらに本人の拠出を入れるという政策構想が打ち出されたことがあるし、全体を「子ども保険」のように再構成するというアイディアもしばしば提起される。

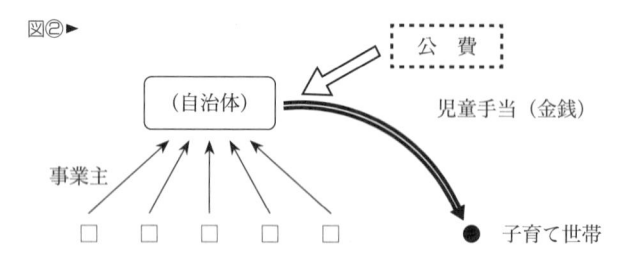

図② ▶

```
                         ┌ ─ ─ ─ ─ ┐
                         ┊ 公　費 ┊
                         └ ─ ─ ─ ─ ┘
                              ⇩
        （自治体）                   児童手当（金銭）
         ↑↑↑↑↑
事業主
 □  □  □  □  □                      ● 子育て世帯
```

　子どもを養育することは、偶然のリスクとはいいづらいので、社会保険でカバーするには適さないと通常は考えられている。しかし実際にこのように、社会保険ではない児童手当においても、事業主による拠出は行われているし（将来の労働力の確保という観点や、賃金の一部である家族手当の社会的代替という説明がされる）、社会保険や社会手当の概念規定とは別に、制度設計的にはいろいろな政策選択肢があることがわかる。

　現行の代表的な手当は3つある。すでにふれた一般的な子育て世帯向けの児童手当、主に母子世帯向けの児童扶養手当、障害児を育てる家庭向けの特別児童扶養手当である。

　この3つは、公的年金の3つの給付種類——一般的な老齢年金、

世帯主がいなくなった場合の遺族年金、そして障害年金という3区分——に対応しているとみることもできる。

その他、原爆の被爆者援護法にもとづく手当なども、いわゆる社会手当に含められることがある。

《具体的な手当の内容》

ここでは児童関係の3種類の手当について、もう少し内容をみておきたい。

(ア) 児童手当

児童手当はすでにふれたように、子どもを養育する家庭に支給されるものだが、制度は激しく変遷している。しかしいずれにせよ支給対象年齢が決められて、子ども一人当たりに一定額が支給される。〔現在の支給額は、3歳児未満は月額1.5万円、3歳以上は小6まで1万円だが3人目以降は1.5万円、中学生は1万円である。〕

ただし所得制限というものがあり、世帯としての所得が基準以上だと支給されない。このように高い所得の世帯が除かれているのは、財源が保険料ではなく税金が中心になっているためである。もっともこの財源構成は、被用者とそれ以外、また所得制限との関係で、かなり複雑に入り組んでいる。加えてすでにみたように、事業主拠出も財源として組み込まれている点が特徴である。

(イ) 児童扶養手当

次に児童手当と名前が似ているが、児童扶養手当がある。これは母子世帯に支給されていたが、2010年から父子家庭を含めたひとり親家庭が対象になった。〔支給額は、子ども1人に月額42,000円で、子どもの数に応じて加算される。〕

児童扶養手当では、児童手当のような「一本のライン」での所得制限（いいかえればオール・オア・ナッシングで、一定の所得以上の層にはまったく支給しない）ではなく、収入との調整が、きめ細かく

されている（**6.10**でみた在職老齢年金に似た仕組みである）。これは支給額も大きいため、所得制限を一本に引くと、その上下で逆転現象が起きてしまうためである。

児童扶養手当については、元夫が支払うべき養育費との関係にも留意を要する。それは、なぜひとり親家庭には一般の児童手当に加えてそれよりも高い手当を支払うのかという、そもそもの制度の存在理由とかかわる点でもあろう。

(ウ) **特別児童扶養手当**

さらに特別児童扶養手当があり、障害児を育てる家庭に支給される。〔支給額は、中度障害（2級という）で月額34,030円、重度障害（1級という）で51,100円である〕。ただしやはり所得制限がある。

すでにふれたように、これと年金とは接続関係にある。つまり20歳前に障害となった場合、20歳まではこの手当を支給して、その後は障害年金、ということになる（**6.13**参照）。

《《《クローズアップ》》》 いわゆる社会手当という手法の評価

社会保険では、支給対象は保険料を支払っていた人に限られる。その代わりに少なくとも保険財源の範囲では、基本的には全部を保険給付に振り向けることができる。つまり税金とは別に、そのためだけに保険料を集める分、高い水準の給付も設計可能である。

これに対して生活保護では、過去の拠出条件を問わずに誰でも受給できるが、税金が財源であることも手伝って、他の予算支出とも競合し、水準はあまり高くはできないし、対象も限定される。

いわゆる社会手当は、このいわば「いいとこどり」を目指した仕組みだといえる。すなわち保険料を払っていた人に限定せずに、幅広く支給対象とする一方、一定の属性（ascription）を有する者に対象を限ることで、そこそこの給付の水準を目指している。

しかし世の中往々にしてそうなのだが、こういうのは逆に「悪いとこどり」になる危険もある。実際、歴史的には児童手当の給

付水準はむしろ低く抑えられてきたし、対象も、生活保護よりは広いものの、所得制限によりかなり限定されてきた。

社会保険では、それまで保険料を支払ってきている人に対して、いきなり給付を制限するのは難しい。しかしこのような社会手当は、何しろ税金が主たる財源なので、富裕層にまで支払う必要はないという主張により、とかく制度が不安定になりがちである。

いわゆる社会手当の現状は、「いいとこどり」になっているのか、それとも「悪いとこどり」になっているのか、冷静に判断する必要があるだろう。

7.4 社会福祉

7.3の児童手当等は金銭給付であったが、社会福祉と総称される領域では、現物のサービスが給付されることが多い。保育を含めた児童福祉や障害者福祉がその代表である。

これらについてもあらかじめ保険料などは集めておらず、社会保険とはまったく違うようだが、サービスの利用という局面で見ると、医療保険や、とくに介護保険とは似ているところがある。実際に政策的な経緯としても、介護保険との関係は深い。

すなわち先取りしていえば、介護保険の給付の仕組み（**3.5**参照）になぞらえてみると、次頁図③の点線（……）で囲んだサービスの利用部分を制度化しているようなものだといえる。

《「措置から契約へ」》

この社会福祉の領域における大きな政策的な流れは、障害者などの利用者側に、サービスの利用に関する自主性や主体性を認めるということである。

かつては福祉サービスの提供は、税財源をもとに、自治体等か

図③▶

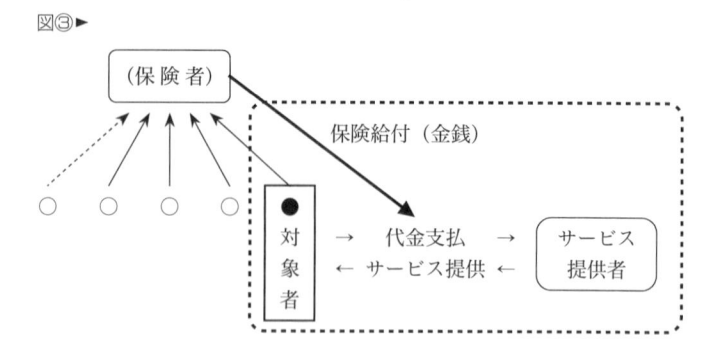

```
          (保険者)
         ↗ ↑ ↑ ↖
                         保険給付（金銭）
                    ┌─────────────────────────┐
  ○   ○   ○   ○    │  ●                       │
                    │  対  → 代金支払 →  サービス │
                    │  象  ← サービス提供 ← 提供者 │
                    │  者                      │
                    └─────────────────────────┘
```

らのいわば一方的な割り当てであった。たとえば「視覚障害者ならここ」というように、その障害の種類によって細分化された施設にポンと入れられるイメージである。あるいは保育所にしても、定員があいているところに「ここに入れ」と決定されるだけであった。これを「措置」という（図④。**1.6**および**3.2**をあわせて参照。税金といっても、**1.3**でみたような社会保険の公費負担というときの税金とは異なる）。

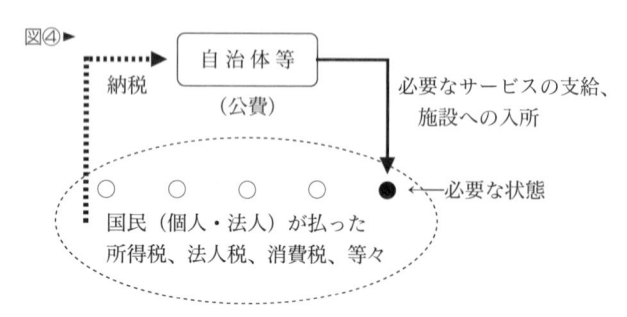

図④▶

```
            自治体等
    納税 ↑  （公費）    ↓ 必要なサービスの支給、
         │              施設への入所
   ○  ○  ○  ○     ● ←── 必要な状態
    国民（個人・法人）が払った
    所得税、法人税、消費税、等々
```

この給付部分をもう少し細かくみると、これが金銭の給付であれば、自治体等が対象者に金銭を直接払うだけで話は終わる。

しかし施設に入所してもらうとか、ヘルパーを派遣するというような場合には、その実際の「現物」サービスは、別途の主体（社会福祉法人など）が提供することが多い。だから自治体等が、

図⑤▶

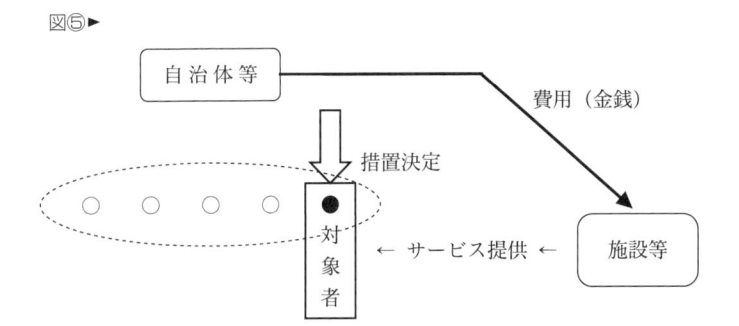

```
         ┌──────────┐
         │ 自治体等  │────────────┐
         └──────────┘             費用（金銭）
                ↓ 措置決定                │
  ○ ○ ○ ○  ●                             ↓
           対                        ┌──────┐
           象   ← サービス提供 ←    │施設等│
           者                        └──────┘
```

その実際のサービス提供者に費用を払うという形になる（図⑤）。

このときサービス提供主体は、いわば自治体等の「下請け」としてサービスを提供する構図になっている。またサービスの対象者は、あくまでサービスを割り当てられる客体である。

それを、できるだけ普通のサービスと同様に、つまり、たとえば食堂で自分が食べたいものを注文するように、あるいは旅行で行き先や宿泊先を自分で決めるように、自分で好きなものを選んで、自分で買うような仕組みにする。そういう方向を目指して社会福祉基礎構造改革、社会福祉法の制定が行われた（2000年）。

これはいいかえればサービスの利用者と提供者とが、対等な当事者として契約を結ぶような形に転換していくということでもある。そこでスローガンとしても、「措置から契約へ」といわれた。

つまり、まず対象者と提供主体の間で、契約の締結があり、サービス提供がされる。対象者（サービスの利用者）には、代金を支払う義務（債務）が発生する（図⑥）。

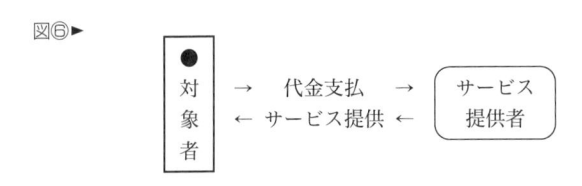

図⑥▶

```
  ●  →   代金支払   →   ┌────────┐
  対                      │サービス│
  象  ← サービス提供 ← │提供者  │
  者                      └────────┘
```

7.4 社会福祉

しかしその代金を、実際には自治体等が負担する。むしろそのような代金の支払が難しい層を対象としたサービスだからである。

そこでそういうことであれば、利用者が代金を支払って、その分を利用者にあとから給付する（償還する）よりも、はじめから代金を、自治体等が直接サービス提供者に払った方が話が早い。

すると図⑦のようになる。

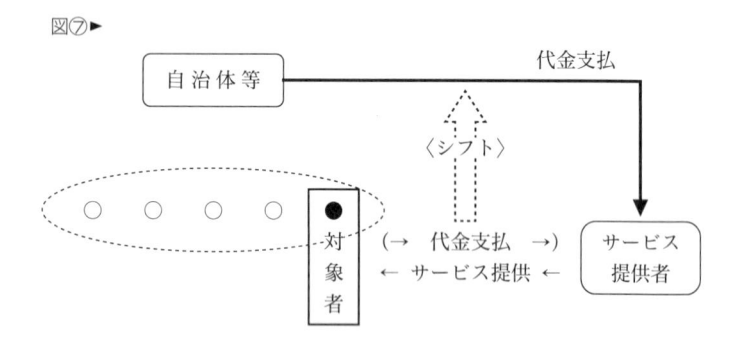

図⑦▶

```
         ┌──────────┐              代金支払
         │ 自治体等  │─────────────────┐
         └──────────┘                  │
                 ↑                     ↓
              〈シフト〉                
   ○  ○  ○  ○  ●                    ┌──────┐
                対     (→ 代金支払 →) │サービス│
                象     ← サービス提供 ← │提供者 │
                者                    └──────┘
```

これをみると、結局、図①や図④と変わらないようにもみえる。ただ考え方として、図①や図④ではあくまで自治体が、サービスを割り当てる・配給するという考え方であるのに対して、図⑤では、「まず」市場での利用者のサービスの購入行動があって、その代金を、別のところ（自治体等）が払うという形になっていて、そこは大きく異なる。

それは、たとえば食堂で、一方的に「今日の定食」が提供されるのと、自分でメニューを選んで食べたいものを食べるのとでは、仮にいずれも代金は自分では払わないとしても、ずいぶん様子が異なるのと一緒である。

《介護保険との関係》

ただし実際には（ややこしくなってしまうが）時間的には、最初からサービス提供者と契約を交わすのではなく、まず自治体などに

サービス利用を申し込んでから、サービス提供者（保育所とか、障害者施設とか）と契約する、という手順になる。

それは実は、介護保険（**3.**）の仕組みと似ている。すなわち介護保険では、まず要介護認定を受けて、それをもとにサービス提供者と契約する、という手順であった（**3.4**参照）。そのような介護保険の仕組みから、むしろ保険料を徴収するという部分だけを取り払ったイメージだともいえる。

実際の経緯としても、この「措置から契約へ」という改革は、介護保険の創設と軌を一にして行われた。

具体的には、障害者に関しては、支援費制度（2003年）から自立支援制度（2006年）、さらに障害者総合支援法（2013年〜）と転変しているが、まず市町村が障害支援区分を認定して、それから利用者（障害者本人）がサービス提供者と契約を結ぶという、介護保険のサービス提供部分に似た仕組みになっている。

また保育所については、むしろ先行して改革されてきていたが（1997年の法改正。選択利用方式、保育所方式などといわれる）、さらに子ども・子育て新法が制定されて（2015年〜）、まず市町村がニーズを認定するという、やはり介護保険のサービス提供部分により近い仕組みになっている。

他方、児童福祉の領域での児童養護施設（今日では主に虐待を受けた子を受け入れている）、児童自立支援施設、乳児院などは、引き続き「措置」による入所の仕組みになっている（生活保護や老人福祉の領域でも、一部では「措置」の仕組みが用いられている）。

それぞれ制度の内容については、ふれるべき事柄がたくさんあるが、本書は『社会保険の基礎』なので、ここでは以上のような社会保険との関係を整理するにとどめたい。

(((クローズアップ))) 措置と社会保険

措置の考え方は、「必要な人に、必要なものを提供する」とい

うものである。

「必要な人に、必要なものを」というテーゼ自体には、文句のつけようがなく、図式的にも簡単で分かりやすいが、しかし「それを誰がどう決めるのか」という点に、大きな課題がある。しかもその対象者は対象者として、いわば客体の位置にとどまる。

それを、利用者の主体性を回復させるために、「サービスの利用」と位置づけ、そのために市場の考え方を活用するのが、介護保険を含めた近時の社会福祉の制度設計である。だからこれを擬似市場・準市場（quasi-market）といったりする。市場においてそうするように、サービスを自分で選んで利用する形だからである。ただ代金は全部を本人が払うわけではないので、普通の市場とは異なる。

もっともそれですべてうまく行くわけではないし、別の問題もいろいろ生じる可能性がある。たとえば障害者福祉制度の激しい転変が、そのことを物語っている。そもそも「市場」というもの自体が危うい面を有していることも忘れるべきではないだろう。

ただ、別の言い方をすれば、「必要な人に必要なものを支給する」という仕組みだと、往々にして誰でもが「私も必要だ」、「もっと必要だ」ということになりがちである。だからそのような際限のない争いを避けるため、いわばその交通整理をするために、このように社会保険や、それに近い、ややこしい仕組みが作られてきているともいえる。

逆にいえば、本書でここまでそれぞれの社会保険についてみてきた中で、保険料から給付内容を導く部分（いいかえれば保険のメカニズムにもとづく仕組み）を全部取り払ったときに、はたして皆が納得できる制度設計ができるか、ということでもあろう。

このように近時の社会福祉領域での仕組みは、社会保険と一定の連続性を有している。もう一歩で社会保険だともいえるけれども、むしろ逆に社会保険の完成形をアプリオリに想定するというよりは、そのようなパーツの組み合わせ（あるいは取捨選択）で諸制度は設計されているともいえる。別に「社会保険に近ければ近いほどいい」というわけではなく、ここではその社会保険との位置関係を整理したものである。

● Coffee break ● 保険の意義を大げさにいえば

　人間は、誰しもそれぞれの世界ないし宇宙の中心にいる。自分が死ねば、世界も宇宙も消える。

　しかし同時に一人の人間は、世界ないし宇宙の片隅にいるちっぽけな存在に過ぎない。その人が今日死んだとしても、世界も宇宙も、何もなかったように昨日と同じように続いていく。

　個々の人間はそのように、圧倒的な主役であり、同時に取るに足りない脇役・端役であるという決定的な二重性を生きている。たとえばミシェル・フーコーやトマス・ネーゲル、ヴィレム・フルッサー、中井久夫というような論者たちは、この問題にさまざまな形で正面から対峙してきた。

　ただ、そのなかで保険という仕組みは、きわめて表層的なレベルかもしれないが、個々人を重視しつつ、同時に（世界や宇宙にまでは届かないものの）少なくとも社会の中で、他者との架橋を実現して、相互を対等な関係性の中に位置づける、きわめて稀有な仕組みであるように思える。

　すなわち自分が主役だといっても、時には他のメンバーに支えられる主役であり、また逆に脇役だといっても、時には他のメンバーを支える欠かせない脇役であり、そのようにすべてのメンバーを大切に位置づけるのが保険という仕組みなのである、とまでいってはあまりにも保険会社のCM的であろうか。

　この本では、保険という仕組みを中心に位置づけてみてきた。それは現行制度を理解するために、それが有効だろうという判断からであり、別に社会保障制度においては、保険という仕組みを中心に据えるのが正しい、という評価が最初にあるわけではない。

　ただ筆者自身は、そのように保険という仕組みを中心におくことは、ひとつの望ましいあり方だと考えている。たとえば少子化や非正規労働者が増加する中で、保険や社会保険という仕組みの限界がしばしば指摘されるが、確かにいろいろ問題は抱えているものの、保険という仕組みを放擲して、これに何か代わるものがあるかといえば疑問である。この保険という仕組みについては、なおより深めて理解する価値があるのではないかと考える。

あとがき

　以前に教えていた大学（日本福祉大学社会福祉学部）は、福祉の専門人材を育てることに注力していたが、福祉の世界で活躍するには国家資格が大切なので、その取得もひとつの目標となっていた。だからそこで担当していた授業（社会保障論）でも、国家試験で出題される範囲くらいは授業でカバーしなければ、と思いながら講義をしていた。しかしとくに制度系、法律系の内容は、抽象的でイメージアップしづらく、福祉の学生にとっては苦手な領域でもあった。

　ところで大学には、障害をもつ学生も多く在籍していた。大教室の講義では、目の見えない学生、耳の聞こえない学生、車椅子の学生、体が動かない学生などが必ず何人も受講していた。

　とくに視覚障害学生、聴覚障害学生の両方が教室にいる場合には（それはごく普通のことだったが）、授業の進め方はなかなか困難であった。

　視覚障害学生にとっては、音声情報が重要である。板書したり、プリントや資料をその場で配布しても、すべて読み上げなければ意味がない。事前に点字にするという方法もとれるが、グラフやイメージ図などの点訳は不可能である。

　他方、聴覚障害学生にとっては、なるべく目で見える文字情報になっていることが望ましい。板書や配布資料などは多く、詳しい方がいい。その場でしゃべったことも、ボランティアのノートテーカーが伝えてくれるが、話すスピードが速いと追いつかない。

　他にも、ノートを取るのに多くの時間を要する（あるいはノートを取れない）学生や、通常の着席姿勢を長時間続けられない学生、また日本語が苦手な留学生などもいた。

これらのニーズにすべて応えようとすれば、講義ではあらかじめ大量の資料（文字情報）を配布して、それを教室でゆっくり読み上げる（音声情報）ということになる（その意味で、逆にパワーポイントというのがもっとも中途半端でダメな手段だった）。

　しかし、これほどつまらない授業もないだろう。大した授業ではないにせよ（いやそうだからこそ）、多少はライブ感なり、ドライブ感なりがないと、90分も聞いていられるものではない。

　しかもはじめに書いたように、国家試験対策として、限られた時間でかなりの情報量を詰め込まなければならない。

　窮した果ての対応が、本書のような、「基礎」についての「図解テキスト」のスタイルではあった。このような図を黒板に書きながら、（音声だけからでも理解できるように）いろいろしゃべるのである。

　この図解しつつ、それをテキストとしても述べるというスタイルは、成功したとまでいえるかどうかは分からないが、一般の学生が社会保障を理解するためにも（ついでにいえば、国家試験を突破していくうえでも）、そこそこ意味はあったように思う。さらにいえば福祉の仕事についた卒業生からも、あの授業は役に立ったと時折いってもらえることがある。

　これがこの「図解テキスト」の、いわば来歴である。

　当時の障害学生たちは、熱心に講義を聴講して、教員を支えてくれた。

　授業の合間に、手話を介して聴覚障害の学生と話すのはドキドキする体験だった。ノートテーカーのボランティア学生には、講義のスピードが速すぎるとしばしば怒られたが、私の余計な雑談や独り言まで忠実に筆記してくれているのを見ると、冷や汗が出た。しかしそういう部分こそ省略せずに筆記してほしいというのが、聴覚障害学生の要望であった。

弱視の学生が「先生、また同じシャツを着ているんですか」などと私を冷やかしてくれるのは楽しかった。フロッピーディスクで提出された弱視の学生の試験答案のファイルを開いたときには、そのフォントの巨大さに度肝を抜かれた。黒板に図を書くときには、見えない学生もいるのだから、「この図のこの部分が」とか、「右の図の上半分が」などの言い方はダメなのであるが、つい口を突いて出てしまうのだった。

　授業中の私のつまらないジョークに、発声能力のない学生が車椅子を揺らして「笑い声」をたててくれるのはありがたかった。学生の私語と、障害学生をサポートするボランティア学生の会話との区別がつかずに当惑することもあった。不規則な（しかし愉快な）発言で授業をいつも中断させる発達障害の学生が、入院してしまって授業に来なくなったときには寂しかった。

　定期試験では、別室で学生の酸素ボンベを抱えながら「試験監督」したこともある（酸素ボンベは意外に重く、落としそうになった）。「先生のヘンテコな喩え話ばかりが記憶に残っています」と授業の感想を書いてくれた障害学生の答案が、学年の最高得点だったときには少しうれしかった。「障害学生は皆まじめで立派だ、というのは逆に偏見である」と宣言して、授業中に前列でわざと居眠りする障害学生も微笑ましかった。

　彼らのいる教室は、私にとってはいつも華やかな祝祭のようであった。

　当時の障害学生たちの多くは今は社会に出て、活躍したり、苦労したりしている。教員になったものもいる（私より授業はうまいことだろう）。企業の人事部で社会保険を担当しているものもいる（もう私より詳しくなったに違いない）。

　彼らがこの本を読んだら、「あの頃、授業でやっていた内容から全然進歩がないですねえ」と笑うことだろう。

あとがき　*215*

バリアフリーの建物が、一般にも使いやすいのと同じように、この本も幅広い読者にとって、読みやすく、分かりやすいものであることを願う。
　なお原稿段階で、畏友である森田慎二郎先生、湯原悦子先生より貴重なご指摘をいただいた。また出版に際しては、弘文堂の高岡俊英さんに大変お世話になった。記して感謝する。
　2015年8月

長沼　建一郎

著者紹介

長沼　建一郎（ながぬま・けんいちろう）

略　歴
1959年　東京都生まれ
1984年　東京大学法学部卒業
　　　　日本生命保険相互会社、厚生省社会保障制度専門調査員、ニッセイ基礎研究所主任研究員、早稲田大学大学院社会科学研究科博士課程単位取得退学、日本福祉大学教授などを経て、
現　在　法政大学社会学部教授。博士（学術）

主要著書
『介護事故の法政策と保険政策』〔法律文化社・2011〕
『個人年金保険の研究』〔法律文化社・2015〕など

図解テキスト　社会保険の基礎

2015（平成27）年9月30日　初版1刷発行
2022（令和4）年4月15日　同　2刷発行

著　者　長沼建一郎
発行者　鯉渕　友南
発行所　株式会社　弘文堂　　101-0062 東京都千代田区神田駿河台1の7
　　　　　　　　　　　　　　TEL 03(3294)4801　　振替 00120-6-53909
　　　　　　　　　　　　　　https://www.koubundou.co.jp
装　幀　青山　修作
印　刷　港北出版印刷
製　本　井上製本所

© 2015 Kenichiro Naganuma. Printed in Japan

JCOPY 〈(社)出版者著作権管理機構　委託出版物〉
本書の無断複写は著作権法上での例外を除き禁じられています。複写される場合は、そのつど事前に、(社)出版者著作権管理機構（電話03-5244-5088、FAX 03-5244-5089、e-mail:info@jcopy.or.jp）の許諾を得てください。
また本書を代行業者等の第三者に依頼してスキャンやデジタル化することは、たとえ個人や家庭内での利用であっても一切認められておりません。

ISBN978-4-335-35647-6

弘文堂プレップ法学

これから法律学にチャレンジする人のために、覚えておかなければならない知識、法律学独特の議論の仕方や学び方のコツなどを盛り込んだ、新しいタイプの"入門の入門"書。

プレップ	法学を学ぶ前に	道垣内弘人
プレップ	法と法学	倉沢康一郎
プレップ	憲法	戸松秀典
プレップ	憲法訴訟	戸松秀典
プレップ	民法	米倉明
*プレップ	家族法	前田陽一
プレップ	刑法	町野朔
プレップ	行政法	高木光
プレップ	環境法	北村喜宣
プレップ	租税法	佐藤英明
プレップ	商法	木内宜彦
プレップ	会社法	奥島孝康
プレップ	手形法	木内宜彦
プレップ	新民事訴訟法	小島武司
プレップ	破産法	徳田和幸
*プレップ	刑事訴訟法	酒巻匡
プレップ	労働法	森戸英幸
*プレップ	知的財産法	小泉直樹
プレップ	国際私法	神前禎

＊印未刊